U0915534

把每一个孩子深深吸引

『磁性课堂』的六个关键词

王平◎主编

课堂教学转型丛书
丛书主编 杨四耕

华东师范大学出版社

写在前面

课堂是一种态度，与知识无关

我一直以为，教育分两种，一是关涉幸福的教育，二是无关幸福的教育。当我们的父母被问道：你们对孩子有什么愿望吗？父母们经常会回答：我们希望孩子幸福。然而，在现实生活中，幸福却很少作为教育目的来实践。

幸福之外无教育。很多时候，我们做了许多与幸福无关的事情，回过头来看，似乎没有必要。教育就其本性来说，就是帮助孩子们充分发展幸福能力。当然，幸福不是简单的快乐，而是恒久的心灵能量。心情，是一种感性状态；而心灵，则是一种精神内存，必要的时候可以自然绽放。弗洛伊德建议我们谨记：把幸福理解为快乐必定是插曲式的，没有永恒的高潮。因此，我们似乎可以说，心灵比心情更重要。

尽管课程改革持续推进了十多年，但我们的课堂教学似乎“风景依旧”。有人敏锐地指出今天的课堂教学中存在的三大问题：一是大量的机械训练仍普遍存在，日益侵蚀着人的创造性；二是不关心知识的来龙去脉与相互联系，这使我们丧失了复杂情境下思维灵活性的基础；三是不珍惜新知识带来的新情境，这使我们一次又一次丢失了独立思考和探究新问题的绝好机会（余慧娟：《教学改革的方向性思考》，《人民教育》2011 年第 1 期）。的确，我们的课堂教学潜隐着巨大的危机——被学习，被作业，被探究，被合作，被自主，被活动，被评价，被生活……如此，你们说，孩子们能幸福吗？你们说，学校能培养出杰出人才吗？你们说，我们有美好的未来吗？

让一个人有尊严地、自由地生长，理应成为课堂教学改革的期许。我们必须明白，任何空洞、抽象的教学理念和主张，或是粗浅、简单的教学模式和方法都不能根本性地改变我们的课堂教学。课堂教学改革无论采取何种途径和方式，最终都必须回到“教育即解放”这一原点上来。为此，我们需要认真思考“学习知识与激发想象”、“讲授道理与发展理性”、“理解规范与鼓励崇高”、“掌握技艺与丰富经历”、“强化记忆与温暖心灵”、“发展智能与强健身心”、“预知未来与点亮人生”之间的内在逻辑，深度理解其中的转化机理，并以此来把握课堂教学转型的价值取向。

培根说，知识就是力量。我认为，这话只说对了一半。今天的课堂教学过于强调“知识之教”，而忽视了“思想之教”；过于追求“结果之教”，而轻视了“过程之教”；过于注重“有用之教”，而忽略了“无用之教”，不懂得“无用之用方为大用”之道。18 世纪法国最伟大的启蒙思想家卢梭曾提出，儿童教育最重要的原则就是要浪费时间。儿童需要做梦、需要犯傻，需要慢慢地长大，很多时候我们不能急功近利。这种看上去的“浪费”，为儿童赢得了成长的时空。那种“不要输在起跑线上”，恨不得把每一分钟都利用起来的做法，实际上是惊扰了孩子们的梦，其本质是浮躁。我以为，对孩子们的成长来说，见识比知识更重要，思想着比思想更有价值。从根本上看，见识是人的存在方式，思想着是人的精神常态。只有让孩子们“思想着”，才能让他们成为“思想者”，才有可能让他们成为“思想家”！

荷尔德林曾经说过：“人，诗意地栖居在大地上。”这句话可以表征为教育的一种至纯追求。课堂教学转型就其方向而言，应把“人”放在中央，给人一种享受，一种共鸣，一种启迪。都说，一个人没有知识是可怕的，但更可怕的恐怕是一个人被知识武装得坚不可摧！当我们的教师满怀一颗诗意的心走进教室，用真善美去感召孩子们的时候，课堂教学就不再是简单的传递、机械的授受，而是情感的孕育、智慧的生成、生命的享受，让我们彼此的心跳、心灵的舞动有着共同的节律……

在特定意义上，课堂是一种态度，与知识无关。今天的课堂教学改革，在理论上需要确定从“教学认识论”到“教学诠释学”的思维转向，并由此带动实践的转型。课堂教学不仅仅需要关注教学各个环节的“设计”，更需要关注教学大格局的“策划”。这样，我们才能“把课堂打造成梦的样子”；这样，我们才能“上一堂灵魂渗着香的课”；这样，我们才能让“每一间教室都有梦”，让孩子们内心充满希望；这样，课堂才能“春暖花开”，实现从“学习知识”到“丰富经历”的华丽转身；这样，我们的课堂才会“触及灵魂”，充满“磁性”；这样，我们才有可能“突破平面学习”的局限，把课堂“翻转”过来，实现“在这里自由呼吸”的追求；这样，我们才有可能寻找到“课堂教学的文化基因”，让“课堂，静待花开”；这样，我们的课堂才有“聚餐的味道”，才会是“思想的盛宴，别样的课堂”；这样，我们才能“让思维生长出来”，让“每一种意见都很重要”……总之，课堂确实是一种态度，与幸福关联。

课堂教学转型丛书传播的是民间的声音。因为工作关系，我与国内一批学校进行过多方面的合作研究。这些学校办学卓有成效，他们对我而言，是一种营养，是一种财富。这些年，我们一起走过，我们的智慧碰撞与思想启迪，是草根的，但越是草根的，才越彰显出生长之本性！感谢这些学校的校长和老师，是你们让我觉得一路不孤单！

感谢华东师范大学出版社领导和编辑对我们研究成果的关注，虽然我们的研究只是一些很感性的东西，但关注是一种分享，一种纪念，一种安慰，对我们来说，弥足珍贵！

亲爱的读者，我们期盼您提出宝贵的意见和建议，我们的邮箱 pujiaosuo@163.com 欢迎您的来信！

杨四耕

2015 年 6 月 1 日识于上海静竹斋

目 录

微笑是人世间最美的语言,是洒向儿童的一缕阳光、滋润孩子的一丝春雨。微笑(smile)更是“磁性课堂”的表情,教师要学会“S-M-I-L-E”:S即sun,用“阳光”照亮学生理想的灯塔;M即mind,用“意念”激发学生学习的欲望;I即intelligence,用“智慧”化解学生心灵的冰霜;L即love,用“爱心”呵护学生幼小的心灵;E即encourage,用“鼓励”点燃学生自信的火把。

第二章　赞美：“磁性课堂”的语言　31

赞美是什么？赞美就是欣赏的眼光、真诚的鼓励；赞美就是暖心的话语、前行的力量……其实，赞美是促进课堂变革的秘密武器。因为赞美的本质是对学生的公平对待与内在认同。我们相信，坚持赞美孩子们的优点，给孩子们以鼓励，就一定会换来意想不到的精彩。我们携手，让赞美之声洋溢在课堂上！

第三章　自能：“磁性课堂”的旨趣　57

教，是为了不教。打通文本与生活、课内与课外的壁垒，使孩子得法于课内，得益于课外，获得可持续发展的动力，形成幸福奠基的能力，是课堂教学的核心使命。

课堂,就像一棵香樟树,其清香溢满教室,芬芳弥漫生命全程。此之谓“自能课堂”。

课堂本是一片湖,当你向平静的湖面扔一枚枚小“石子”,湖面便会风情万种,泛起层层涟漪。教师的最大作用就在于能够敏锐地捕捉学生的思维灵感之花,艺术地利用“静水投石”这把神奇的钥匙,形成适当的冲突,激起美丽的涟漪,收获智慧的精彩。

第五章　童趣："磁性课堂"的风景　115

今天的课堂教学需要重新发现儿童，需要教师立足儿童视角，用自己的童心唤醒孩子们的童心，用自己的童真滋养孩子们的童真，用自己的童趣激活孩子们的童趣。充满童趣的课堂，是吸引孩子们的磁力场，是学校教育的靓丽风景。

第六章　表现："磁性课堂"的评价　141

全面了解孩子们的学习历程，寻找学习过程中的鲜活元素，把孩子们最闪耀的东西"表现"出来，"秀出"孩子们的学习态度、学习信心、学习效果……用"磁性尺子”点击孩子们的心灵鼠标，让每一个孩子在原有基础上获得实实在在的成长。

序

“把每一个孩子深深吸引”，是当我第一次踏进瑞金二路小学（以下简称“瑞二”）首先映入眼帘的一幕。可见，这所富有吸引力的学校一直不断地追求“磁性教育”的办学理念。

瑞二为了进一步彰显“磁性”品牌，深化已有的“磁性课程”研究，逐步加强“磁性教育”的办学理念，学校以课堂为主阵地，进一步提升学校教育教学质量，开展了《基于绿色指标的“磁性课堂”研究》。瑞二人坚信：“磁性课程”的实施关键在于打造“磁性课堂”。

我慢慢翻阅着，了解了“磁性课堂”是瑞二实施“磁性教育”的重要载体。瑞二人秉承“磁性课堂”——“课堂即磁力场”的理念，着眼于学生的成长需要，通过营造快乐、富有童趣、富有吸引力的课程，着力打造学生喜欢的、对他们有吸引力的、并且可以促进学生成长的课堂，让学生的个性得到充分的发展，从而使学生喜欢课堂、喜欢学习。

我认真思考着，懂得了“磁性课堂”原来是充满磁力的文化场。它让孩子们感受到情思意境的“美”和性灵情趣的“赏”；它为孩子们开启了幸福快乐的课堂之旅。“磁性课堂”的魅力在于富有亲和力，以极大的亲和力与感染力来吸引学生。这种亲和力具体表现为“磁性课堂”的情感性、趣味性和创生性，并以此来改善教师教学行为和学生学习行为，提高课堂教学的效率与质量，努力追求“全面发展、减负增效、发挥个性、培养能力”的目标。

我细细回味着，学习了“磁性课堂”从微笑、赞美、自能、涟漪、表现、童趣等多端切入研究，主要采用课堂观察、案例撰写等多种研究方法，重点研究“磁性课堂”的实际操作路径，并进行深入实施，以促进学校的课堂教学改革。

——微笑：“磁性课堂”的表情。微笑，是教师最美的语言。“磁性课堂”中教师用真诚的微笑唤醒孩子的自信，用欣赏的眼光发现孩子的每一点进步。教师应该学会微笑——smile：S 即 sun，用“阳光”照亮学生理想的灯塔；M 即 mind，用“意念”激发学生学习的欲望；I 即 intelligence，用“智慧”化解学生心灵的冰霜；L 即 love，用“爱心”呵护学生幼小的心灵；E 即 encourage，用“鼓励”点燃学生自信的火把。瑞二的每一位老师都能把微笑带进课堂，使其化作滋润孩子心田的阳光雨露，“瑞二”也渐渐地变成真正意义上吸引孩子的磁性“笑园”。

——赞美：“磁性课堂”的话语。赞美是一种高雅的艺术；赞美是开启心灵的钥匙，是沟通情感的桥梁；赞美能增强孩子的自信心，激发学习的动力，促使良好品德的形成。它所引发的有益效应，与瑞二致力于构建富有吸引力的“磁性课堂”的教学理念不谋而合。“磁性课堂”中教师处处用积极的语言赞美引导学生，做到课上是师生，课下如朋友。

——自能：“磁性课堂”的旨趣。瑞二学生在“磁性课堂”中，通过教师有目的、有组织地激发和引领，经过自觉、自辩、自探、自悟、自得，从而自主地、能动地、创造性地实现自我身心连续不断的积极变化，学会学习，实现自身全面发展。

——涟漪：“磁性课堂”的过程。“磁性课堂”的教学过程，是教师向平静的湖面扔几颗“石子”，运用有效的手段与措施激起层层涟漪，荡漾阵阵灵性，使教学也成为一道美丽的风景，焕发出其本应有的磁性魅力。

——童趣：“磁性课堂”的风景。“磁性课堂”是浸润性的，赋有穿透力，富蕴童趣化。瑞二的教师会努力走进孩子们的世界，倾听与对话；会努力创设富有意义的教学环节，发现与寻找。

——表现："磁性课堂"的评价。瑞二人认为孩子的快乐、健康比什么都重要。"磁性课堂"中，教师多以鼓励、表扬等积极的评价为主，采用激励性的评语，尽量从正面加以引导，让学生的思绪飞扬，兴趣盎然，让课堂充满生命活力，让班级充满生长气息，从而有效地促进学生的发展。

总之，我们看到了"磁性课堂"的架构，是主要结合其内涵与当前课堂改革实际，试图将课堂文化、教学过程、课堂组织与管理、师生关系和课堂情境等几方面加以整合与优化。一方面，在理论层面上，从系统上更加理性认识，"磁性课堂"何以必要？理论上，它为课堂教学提供了有价值的素材，丰富了教学论的研究成果。另一方面，从实践层面看，根据新课程理念，瑞二以课堂为阵地，聚焦课堂教学研究，为构建吸引学生的"磁性课堂"而不断努力，以提高课堂效率，提升教学质量，最终全面有效提升学校的教学发展，建设真正意义上的"磁性学校"。

瑞二人对"磁性教育"的执着追求深深感动着我。"磁性课堂"使学习变成了一种有意思的游戏，深深吸引着每一个孩子，"磁性课堂"如"磁铁石"般吸引学生主动学习，学会学习，喜欢学习。愿这个"磁场"越来越强大！

上海市黄浦区教育局局长

2015 年 11 月 12 日

前言

简单明朗的校门，典雅古朴的教学楼，纯真动感的学生，热情奋斗的教师……处于艺术中心与商业腹地深处的瑞金二路小学（下文简称瑞二）容纳着生命，承载着历史，迎来了自己的八十五周岁。八十五载风雨历程，一代又一代的瑞二人，追寻着历史的声音，聆听着现实的脉搏，展望着未来的愿景，尽心尽力建设富有魅力、拥有灵魂的“磁性学校”，开辟了一条崭新的“磁性教育”发展之路。

回首瑞金二路小学与“磁性”结缘，已然数载。近十年间，瑞二始终恪守“磁性教育”理念，开发“磁性课程”，打造“磁性课堂”，致力“把每一个孩子深深吸引”，培养“有理想会做人、有活力勤实践、有个性能发展、有情趣会生活”的“四有”瑞二人。瑞二人数载如一日，于俯仰之间，遍历星空大地，历十年磨一剑。如今“磁性课堂”霜刃已具，凌然出鞘。今天，将集聚瑞二人心血、智慧、灵感和经验的《把每一个孩子深深吸引：“磁性课堂”的六个关键词》展示给大家，共同品读瑞二人提炼、凝聚的六个关键词，了解瑞二的“磁性课堂”如何深深吸引每一个孩子。

关键词一：微笑——“磁性课堂”的表情。微笑是人世间最美的语言，是洒向儿童的一缕阳光、滋润孩子的一丝春雨。瑞二的每一位教师亲身实践着，用“S-M-I-L-E”装点出“磁性课堂”的最美表情：S—sun，用“阳光”照亮学生理想的灯塔；M—mind，用“意念”激发学生学习的欲望；I—intelligence，用“智慧”化解学生心灵的冰霜；L—love，用“爱心”呵护学生幼小的心灵；E—encourage，用“鼓励”点燃学生自信的火把。

关键词二：赞美——“磁性课堂”的语言。每一位瑞二人秉承赞美促进课堂变革的秘密武器，用欣赏的眼光、真诚的鼓励对待每一位孩子；用暖心的话语、前行的力量激励每一个孩子。我们相信，每一份赞美和鼓励，都会换来意想不到的精彩，每一份赞美和鼓励，都是课堂中最美丽的语言。

关键词三：自能——“磁性课堂”的旨趣。打通文本与生活、课内与课外以及知识与能力的壁垒，使孩子得法于课内，得益于课外，获得可持续发展的动力，形成幸福奠基的能力，是课堂教学的核心使命。每一位教师发现、挖掘并不断激发着学生潜能，燃点学生的求知烈焰，始终将“教，是为了不教”牢牢刻在心头。

关键词四：涟漪——“磁性课堂”的过程。课堂本是一片湖，当你向平静的湖面扔一枚枚小“石子”，湖面便会瞬息起伏，泛起层层涟漪。瑞二的教师敏锐地捕捉着学生的思维灵感之花，艺术性地利用“静水投石”的神奇效应，形成适当的冲突，于课堂中激起美丽的涟漪，收获智慧的精彩。

关键词五：童趣——“磁性课堂”的风景。人只有喜欢了，投入了，才会释放巨大的潜能，产生无穷的动力，创造非凡的价值。在课堂教学中，瑞二的教师立足儿童视角，重新发现儿童，用自己的童心唤醒了孩子们的童心，用自己的童真滋养着孩子们的童真，用自己的童趣激活了孩子们的童趣，营造了充满童趣的课堂，打造了吸引孩子们的磁力场，是学校教育中一道靓丽风景。

关键词六：表现——磁性课堂的评价。瑞二的教师全面地了解孩子们的学习历程，寻找孩子们学习过程中的鲜活元素，把孩子们最闪耀的东西“表现”出来，“秀出”孩子们的学习态度、学习信心、学习效果……用“磁性尺子”点击孩子们的心灵鼠标，让每一个孩子在原有基础上获得实实在在的成长。

微笑、赞美、自能、涟漪、童趣与表现，每一个简单的词汇中都融入了瑞二人的“磁性教育”理念，凝聚着对“磁性课堂”的孜孜追求和不息努力，真正使不大的学校“有魂则灵”。

从《磁性课程：当文化与儿童相遇》到今天汇聚师生智慧与经验的《把每一个孩子深深吸引："磁性课堂"的六个关键词》，我们用了三年时间。每一年我们都是仰望星空，脚踏大地，力争了解孩子深入、深入再深入些，做到吸引孩子多些、多些再多些，真正让“把每一个孩子深深吸引”从墙上跃然飞入心中，化入举手投足和一颦一笑中，深深吸引每一个孩子。

时间脚步匆匆，从不为谁作停留，八十五年之于时间长河只是沧海一粟。或许瑞二的“磁性课堂”依旧年轻，依旧有着这样那样的不足，可是，如同我们的孩子们茁壮成长一般，将有更多的瑞二人秉持理念，为之倾心力，洒热情，让课堂牢牢吸引每一个孩子！

微笑:“磁性课堂”的表情

微笑是人世间最美丽的语言,最漂亮的表情。微笑,是一个人乐观、自信、积极向上的表现。微笑是洒向学生心田的一缕阳光,是滋润学生心田的一丝春雨。微笑(smile)是“磁性课堂”应有的表情。教师要学会“S-M-I-L-E”:S—sun,用“阳光”照亮学生理想的灯塔;M—mind,用“意念”激发学生学习的欲望;I—intelligence,用“智慧”化解学生心灵的冰霜;L—love,用“爱心”呵护学生幼小的心灵;E—encourage 用“鼓励”点燃学生自信的火把。

教师灿烂的笑脸是学生心中永不凋谢的花朵。微笑(smile)是“磁性课堂”应有的表情。教师应该学会“S-M-I-L-E”:S—sun,用“阳光”照亮学生理想的灯塔;M—mind,用“意念”激发学生学习的欲望;I—intelligence,用“智慧”化解学生心灵的冰霜;L—love,用“爱心”呵护学生幼小的心灵;E—encourage 用“鼓励”点燃学生自信的火把。

S—sun:用“阳光”照亮理想的灯塔

教师应该用阳光的笑脸,乐观的心态,积极的态度为学生支起一片丽日晴空,为学生照亮理想的灯塔。

我们班有个女生,名叫朱燕,她的一些行为习惯不是很好,经常性的偷懒,不完成作业。她写字方面也是存在很大的问题,写出的每一字基本上都存在问题,不是少一笔,就是多一笔,即使老师给她指出错误,她也不会及时地改正。有一次,她老毛病又犯了,默写词语错了很多,两天了都还没有订正。那天我们学习了一篇课文《小白兔和小灰兔》,课文里写道:小白兔是勤快的,它有吃不完的白菜,而小灰兔好吃懒做,最后没有了白菜吃。我私下里找到她,利用刚学习的课文中的道理,怀着乐观的心态与她真诚地进行了沟通。晚托班结束,剩下她一个人,我坐在旁边耐心地辅导她,把几天积累下来需要订正的都陪她做好。最后,她给我写了一张纸条:“保证书,我再也不做小灰兔了,我一定要好好学习,实现自己的理想,请张老师 yuan liang 我”。(一年级的小朋友,“原谅”还不会写,用拼音代替。)我会心一笑,告诉她:“张老师,相信你,相信朱燕一定能改正,将来完成自己的理想。”多可爱的孩子啊!从此之后,她的作业再也没有偷懒过,字词书写进步非常大,向着自己的理想迈进。教师阳光积极的心态,恰到好处,不疾不徐,不温不火,把对学生的爱用真诚的微笑表达出来,用“阳光”照亮学生理想的灯塔。

M—mind:用“理念”激发学习的欲望

磁性课堂所需要的不是强制,而是激发学生学习的欲望。能使学生在愉悦的气氛中学习,唤起学生强烈的求知欲望是教学成功的关键。实践证明:一个人在没有受到激发的情况下,他的能力只能发挥 20%—30%;如果受到充分的激励,能力就可能发挥

80%—90%，以至更多。"感人心者莫先乎情"，教师的教育理念应该与时俱进，用革新的理念去引导激发学生，使学生把外界刺激逐步转化为自我鼓励的内驱力，使学生把学习动机建立在成长需要上，充分忘我、集中全力、全神贯注地投入学习，自我管理、自我激励、自我鞭策，而无需教师进行约束、监督和奖罚，这才是磁性课堂发展的最终目标。

I—intelligence：用"智慧"化解心灵的冰霜

教师需要用智慧把自己的爱心化作绵绵的春雨，去滋润学生的心田，化解学生心灵的冰霜。教师的微笑，传导出对学生信心的肯定和鼓励，缩短了师生心灵的距离，体现出了教师的智慧。

本学期有一篇课文——《骆驼和羊》，揭示了这样一个道理：我们各有各的长处和短处，只看到自己的长处，看不到自己的短处是不对的。在讲解这篇课文时，我抓住契机，发挥教育智慧，微笑着与学生进行了一次心与心的交流，让学生大胆说出我的不足之处，让学生发现我，我发现学生，进而发现自己。在这样一个轻松和谐的氛围中学生畅所欲言："张老师，不要发火"；"喜欢张老师多微笑"；"张老师不够漂亮，脸上长痘痘"……那一刻，孩子们的天真让我动容，孩子们的童言无忌让我感动，孩子们的真实让我更加感触……这样平等地心与心的对话，体现出了老师的智慧，化解了学生心灵的冰霜。

L—love：用"爱心"呵护幼小的心灵

用爱心呵护学生幼小的心灵。学生是未成年人，是发展中的人，他们的内心世界是极其脆弱的，他们渴望教师真爱的滋润，需要教师关爱有加，呵护备至。苏霍姆林斯基曾有个十分精彩的比喻：要像对待荷叶上的露珠一样，小心翼翼地保护学生幼小的心灵。晶莹透亮的露珠是美丽可爱的，却又是十分脆弱的，一不小心露珠滚落，就会破碎，不复存在。孩子的童心、童真、童趣要好好保护，任何形式的简单、粗暴、冷漠、体罚，都是对孩子的美好而脆弱的生命的践踏。教师的一言一行、一举一动都可能在学生们的心里留下深深的投影，教师要学会用爱心去呵护每个孩子幼小的心灵。

E—encourage：用"鼓励"点燃自信的火把

班上往往会有一些因腼腆、胆怯而不敢开口回答问题的学生，当这些学生不敢回答问题或在回答问题遇到困难时，教师更要面带微笑，耐心地给予提示和启发，用信任的眼神鼓励学生大胆地回答问题，并明确告诉学生：说错不要紧，老师会帮助你。学生在老师的信任和微笑的感召下，胆怯的心理自然而然地被融化，也就能大胆地回答问题了。

我刚接手的一(2)班，有个名叫高星苗的小朋友，他特别胆小腼腆，上课从来不敢积极举手发言。有一次他刚刚举起的小手，又犹豫地放下了，我看到此情景，立刻把他叫起来回答，他站起来之后，还是吞吞吐吐不敢说。这时，我和颜悦色地及时鼓励他："没关系，慢慢来，大胆地说……"这时能看出他轻松很多，我和全班其他小朋友耐心地听完他的发言。以后，不断地给他以鼓励，终于，他变了，现在的他上课时总是把小手举得高高的，有时候没有叫到他，似乎还很不开心的样子。教师应该用鼓励点燃学生自信的火把。

磁性课堂中，教师的微笑，体现出的是对学生幼小心灵的尊重与呵护；教师的微笑，传导出的是对学生信心的肯定和鼓励。微笑缩短了师生心灵的距离，微笑增强了教师的亲和力，微笑激发了学生学习的欲望。

（张林玲）

1-1　还孩子一张笑脸

"给点阳光就灿烂"，这是常常在我们耳边响起的一句话。尽管这句话带点洋洋得意，骄傲自满的含义，但至少可以说明，我们的生活需要阳光。同理，我们的教育也需要阳光，需要心灵充满阳光的教师。尊重、信任、关爱、宽容、表扬、鼓励……它们就像一缕缕和煦的阳光洒向孩子们，使孩子们就像一棵棵小树苗一样茁壮成长；而训斥、惩罚、怀疑、苛刻……就像是一把把利剑刺向孩子们的心灵，使他们的生活没有了尊严与自由，学习也没有了兴趣与上进心。

一、种下一颗苦涩的种子

刚入职不久,我对教师的微笑力量感到深深的怀疑,完全不明白微笑这种无声的表情能胜过任何有声的雄辩语言。那时,耳边常常响起的是老教师们的“谆谆教诲”,即在课堂上面对孩子们应该板着脸,表情一定要非常严肃,否则整个课堂将会手忙脚乱,完全被孩子们的所作所为所控制,更别提开展教学工作。

于是,我经常在孩子们面前摆出一副严肃的面孔。在平时教学中也常常抱怨孩子们各种不如意的表现,不是不满意他们的学习成绩,就是不满意他们的课堂纪律。在我眼里,孩子们简直“一无是处”。在班级里我对孩子们批评得多,表扬得少,自然而然孩子们就没了笑容,同时一些武断的做法也无意中伤害了孩子们的自尊心和积极性。他们表面上很安静也非常听话,但内心深处却产生了逆反心理。加之,当时自己也很少注意孩子们的情感世界,很少与他们进行情感交流,尽管自以为付出了很多,但孩子们却不领情,并没有得到他们的认可。

经过反思,我想,倘若,当时我对待孩子们多一些平常心,少一份苛责,那么聚焦点将会放到孩子们的优点、长处和进步上,从此,渐渐地,我对他们表扬得更多,批评得更少,课堂上的笑容自然就多了起来,课堂气氛也更加活跃,师生关系也更加融洽,孩子们也乐意接受教师的教导。看来,教师的一张笑脸是非常重要且韵味悠长的,它关系到良好师生关系的建立和教育效果的实现。

二、播撒一缕和煦的阳光

既然训斥、惩罚、怀疑、苛刻不仅不能对孩子们的学习与行为产生积极影响,那么我开始寻找新的方向,也逐步醒悟到教师的微笑可以给孩子们增添信心,可以激发孩子们的学习兴趣,可以打开孩子们封闭的心扉!既然教师的微笑有如此重要的作用,我何不让微笑走进课堂呢?

记得有一次课间,我随口向孩子们问一句,“你们最爱什么样的老师?”他们大部分的答案是:对我们温柔些,而且每天能挂满笑容的老师。听到这个答案,我心中愣了一下。原来之前所做的一切全是自己的一厢情愿。面对孩子们的错误与不满,我也开始反思,不应该太多责备与批评,而应多一些温柔与情感。

为了做孩子们心中的理想教师,我决定改变以前的策略,换一种眼光看待班里的每一个孩子,努力用宽容的态度去更多地发现他们的优点,尝试面带着微笑走进教室。我发现孩子们心中似乎像战士卸了盔甲一样,在课堂上也少了一些防备,就连那些平时沉默寡言的孩子们也喜欢在课堂上用英语畅所欲言,整个课堂氛围逐渐轻松活跃了许多,孩子们学习英语的积极性也高涨了不少。可以说,面对老师的微笑,孩子们可以畅所欲言,轻装上阵,尽情地展现自我。当然,孩子们在课堂上也偶尔会出现一些小错误,甚至是一些调皮的动作,但我并没有严厉地斥骂,而是面带笑容,和风细雨地慢慢引导,以一种宽容的心态对待孩子们的各种错误。

教师宽容的微笑能引起孩子们心灵的自责与共鸣,能营造师生互动、生生互动的民主平等的课堂氛围,能够最大限度地满足孩子们的心理需求,点燃学生的学习热情。

三、收获一颗灿烂的果实

正因为我对孩子们态度的改变,渐渐地,我发觉孩子们也在悄然地发生变化。孩子们在课堂上似乎不像以前那么紧张害怕了,他们会比较自觉地收起自己的顽皮,遇到问题也会想着如何向同学和老师请教,对学习也更加投入了。以前在我眼中个个都是调皮捣蛋鬼,如今个个都成为爱学习,懂得相互关心的孩子,我也开始真正从内心里喜欢他们。面对老师的微笑,孩子们觉得知识将不再那么神秘,学习也不再那么艰难,优异成绩也不再那么高不可攀。

态度带来学习上的改变,让我面对孩子们有了更多真诚的微笑,同学们之间也开始相互传递微笑，把微笑送给对方，整个教室都洋溢着欢笑声。

真诚的微笑从教室里走出来，成了我和孩子们待人接物的习惯表情。现在我习惯微笑着和孩子们打招呼，微笑着和孩子们个别谈心。即使面对犯错误的孩子，我也总是带着微笑去处理。一次与孩子们聊天，话题很轻松，气氛很活跃。有位同学对我说："老师，我们最喜欢您笑的时候。"其他同学也跟着附和地说："对！您笑的时候很美。"孩子们无意间的话语深深地打动了我。是啊！童言无忌。我终于意识到我装出的那种神圣感、威严感，恰恰成了我与孩子们沟通的一堵墙。从此，我便常常主动亲近他们，用微笑面对他们。

幸好，我迷途知返，还给了孩子们灿烂的微笑。微笑是晨曦中第一道最温暖的阳光，让我们首先把这一缕阳光洒向我们的孩子们。当我们和孩子们促膝谈心时，微笑是一种气氛；当我们让孩子们回答问题时，微笑是一种鼓励；当我们指出孩子们的错误时，微笑是一种谅解；当我们帮助孩子们解决困难时，微笑则是一种强大的力量。微笑是教师和孩子们传递信息最好的通道。微笑在教育中是一种艺术，我们教师要把微笑作为一种教学基本功来练习。让我们笑对孩子们，笑对生活，这样我们的生活会充满阳光，我们的教育事业才会灿烂辉煌。

（曾慧芳）

1-2 微笑是一米阳光

微笑，人人都会。但不一定所有人都知道微笑是什么。其实，微笑不仅是表情，更是世界上最美好的东西。微笑是一首动人的乐曲，每时每刻都荡漾在我们快乐温馨的时光。微笑是一捧有灵性的水，洗去你心中道德的污垢。微笑是身边一点一滴的美丽，笑一笑，使身边的快乐和温暖散发出浓郁芳香。微笑是一盏明亮的油灯，照亮前进的方向。所以学会用微笑教育孩子们吧，对孩子的成长，将会有着大大的好处。

一、微笑，让孩子笑对人生

高尔基曾经说过："你能不能在人身上激起一种荡涤灵魂的乐观的笑呢?"因为在高尔基看来，微笑不仅是宣泄感情的方式，更是一种人生态度，一种荡涤灵魂、让人"笑"对人生的态度。

以往人们对于学校教育的印象总是教室内老师严肃而庄重地讲课，学生"聚精会神"而沉默地听，好像没什么感情交流。老师之所以严肃是怕失去威信，学生之所以沉默是怕成为"坏学生"，微笑就更不用提及，那是破坏课堂教学气氛的。以至于有的学校规定在教室内不准大声喧哗的同时，就连学生的笑声也被"不准"而消失殆尽。若如此，教室的确是安静了，可师生之间的关系却也变得安静而死气沉沉的了。

二、微笑，沟通彼此的桥梁

微笑是我们的信念、语言和文明的凝结，是一个人最美的表现，就如白居易《长恨歌》中所描绘的"回眸一笑百媚生"那样，有着无穷的魅力。这也让我们不禁想象，若是人失去微笑之后，我们这个社会将会是怎样的一种情形。

微笑其实是活跃课堂气氛的润滑剂，教师带着微笑出现在课堂上，就会在教与学之间架起一座情感交流的桥梁。的确，当我面带微笑时，孩子们也是笑着举手回答我的问题；可是当我生气板起脸时，教室里就再也看不到小手了，见到的都是一双双惶恐不安的眼睛。所以教师面带微笑，不仅反映了自身的乐观与自信，对教育事业的自觉和忠诚，更展现了对学生的热爱和宽容。正所谓"亲其师，方能信其道。"教师只有用心去爱学生，用微笑去感化学生，课堂之上就不会再有什么隔膜，师生之间的关系才能真正走向良性互动,毕竟,师道尊严不单是靠教师外表的尊严,而更是靠教师内在的气质、品格、学识和外在的亲和力。只有如此,"师"才能为学生"授业解惑"。

三、微笑,还给孩子们天真

同样,作为受教育对象的学生,能从教师那里学得怎样微笑,将对其身心的发展产生积极影响。我们在给孩子"减负"的同时,必须学会让他们"微笑",让他们从微笑中去领会"礼貌",去学会面对挫折,增强自信,以"笑"对人生。祛除那些对孩子们身心发展不利的思想因素,给他们一个健康快乐的成长环境,这一切正是以"微笑"开始的。对学生来说,微笑是一种关爱。别吝啬你的一个微笑,因为一个微笑就足以温暖一颗心。这或许就是微笑的力量。而微笑也是教师给学生的最好礼物。教师脸上的微笑有多少,学生心中那丝阳光就会有多少。它不会花费什么,但却创造了许多成果。它丰富了那些接受的人,而又不使给予的人变得贫瘠。从某种意义上说,"微笑"还了孩子的天真,给了教师乐观自信,让教育有了新的活力。

四、微笑,鼓励的魔力

我班有个学生,学习成绩很不好,作为老师的我也总不给他笑脸。有一天,他的默写竟破天荒地得了80分。我暗暗惊讶,在课堂上忍不住表扬了他,并向着他露出了笑脸。没想到此后的几次默写他都做得很好,甚至在我突击抽默古诗时,他都没错一个字。好奇之余,我问他为什么最近进步这么大,他告诉我,这段时间他每晚都会抽空看看语文书,复习一下,就是在那次我朝他笑过之后。早知微笑有这样的魔力,我应该多多对他微笑。同样的学习过程,同样的终点,我们没有必要一路紧皱眉头,一路唉声叹气,更没有必要让不满紧紧锁在心里,给自己一个微笑,也给孩子一个微笑,因为微笑可以化解心中的哀怨，使人敞开心扉，消除芥蒂，还可以让学生重新树立信心，忘却暂时的落后。这个故事不正好说明了微笑就是鼓励吗？

学习像流溪，总会遇到困难。如果因此而垂头丧气就会止步不前。如果能像溪流一样微笑着，唱着欢快的歌，就可以轻松地度过，最终到达幸福的彼岸。教师爱学生，学生爱教师，才能共同诠释教育发展观的真谛。心中有学生，眼中有学生的境界将使教师这份既是职业更是事业的工作，增添无数生机与活力。微笑着看待学生的过去，微笑着研究学生的现在，微笑着面对学生的未来，微笑着走向学生的需求，这应该是我们为师者毕生的追求。

（王佳莉）

1－3 微笑，活力的源泉

法国作家雨果说："笑是阳光，它能消除人们脸上的冬色。"笑容是良好的情感象征，是点燃学生自信的火焰。作为一名语文教师，平时的课堂上，我会把微笑恰当而自然地流露给学生，以唤起学生对知识的渴望，对学习的兴趣。

一、微笑，张扬个性的空间

曾经听一位名师说过这样一句话："不会微笑的老师，不会是一个好老师。"我想，这句话不无道理。我们做老师的千万不要居高临下地看学生，如果这样，无形之中就在学生面前设置了一条无法进入学生心灵的"沟壑"。不走进学生心灵，学生又怎么与你"零距离"沟通？久而久之，你与学生就会形成一种酷似"阶级"的对立，即使你的课堂没人敢说话、睡觉,然而你的课堂也只是"一潭死水"。想上一堂好课,我认为,教师首先要学会微笑,给学生一种平易近人的感觉,让他们敢于走进教师的心灵。这样,你便会潜移默化地感染学生,为你的语文课堂打下坚实的感情基础。课堂上,如果学生敢于、乐于发表自己的见解和观点,那么语文课堂便充满了和谐,充满了活力。给学生以更多的微笑,也就给了他们更多的自信,给了他们更多的学习选择权,以致学生会相信老师不会轻易否定他们,更不会批评他们。这样,学生就找到了张扬个性的空间。何愁语文课堂没有活力与激情?

二、微笑,师生间信任的桥梁

微笑是沟通师生间彼此的桥梁。老师的微笑可以使学生心情愉悦;老师的微笑可以给学生增添信心;老师的微笑,让原先沉闷的课堂有了生机,学生可以无拘束地发表自己的见解,你一言我一句,课堂活力四射!老师的微笑,可以拉近老师与学生的距离,会在我们和学生之间架起一座桥梁,一座情感交流、心灵感应的桥梁,真正地体现了师生之间的平等。它可以缩短师生之间的心距,增强师生间的信任度。对于一年级的孩子来说,我常常给以他们满意、欣赏的微笑,使他们产生更浓的学习兴趣。对于反应较慢的学生,当他们在学习上遇到困难时,我也总是微笑着给他们讲解,使他们明白老师并没有放弃他们。李萌是个性格内向、自尊心强的学生。每当她想举手发言却欲言又止时,我总是对她微微一笑,暗示她大胆地说,说错了也没有关系。经过一个学期后,她终于敢在别人面前表达自己的想法了。现在,她已成为班上一名出色的学生了。总之,老师用微笑默默地鼓励学生,学生就会信心百倍,一步一个脚印地学习,绝不辜负老师对他们的期望。老师是人类灵魂的工程师,指引着人类的文明和进步。是啊,我们对学生微笑,生活就对学生微笑,学生也就微笑着面对生活。

三、微笑，活跃课堂的润滑剂

作为新时期的教师，更应把微笑带入课堂，摒弃古板的“师道尊严”，放下架子与学生交流，用微笑消除学生的胆怯，鼓励学生大胆发言，启迪学生心灵，让他们积极发表自己的见解，真正构建民主、和谐、平等的新型师生关系，倾情参与学生活动，让学生如沐春风。

“好的开始是成功的一半”，而轻松愉悦的教学氛围为课堂教学的成功奠定了基础。学生可能会有与课堂不和谐的举动，教师或恶语相向或怒目圆睁，这都不是最有效的。教师只有保持健康快乐的心态和学生交流，微笑着面对学生，尊重学生的个性，以激励、赏识的眼光看待学生的每一次思考和他们独特的见解，努力唤起学生学习的浓厚兴趣，才能具有较强的亲和力，学生才能亲近你，并在课堂生活中与你互动交流，也只有这样的宽容心才能使课堂气氛活跃。

四、微笑，提升课堂教学效率

著名心理学家艾帕尔·梅拉别思曾做过调查分析，得出这样的结论：信息的总效应＝14％的文字＋36％的音调＋55％的面部表情。这一公式足以说明教师面部的亲切表现——微笑对学生的学习效率有很大的促进作用。微笑是教师基本功内涵的自然流露，它能给学生创造出轻松快乐的学习环境，它早已作为一种现代教学艺术融入了课堂教学。一位学生在日记中这样写道：“老师，我们喜欢每次都能见到您灿烂的笑容，面带微笑的您很美，显得那么和蔼，那么亲切，使我们能在轻松愉快的学习氛围中学会了丰富的知识。我们喜欢上您的课……”面带微笑的老师使课堂教学形成了涌动着热烈的学习情、教学情的情感场面，在这个情感磁场中，老师带着对教学工作的热爱，带着对孩子的关心和期望，用自己的积极情绪引导学生在知识的海洋中畅游，努力为孩子创设一个学而不厌的求知氛围，使孩子们体验到获取知识、增长才干的喜悦和满足，获得美的享受和熏陶，从而更好地提高我们的课堂教学效率。

老师们请学会微笑吧，因为微笑似春风，它能使花儿更红，草儿更绿；微笑似春雨，它能滋润万物茁壮成长。老师们请不要小看微笑，它是火种，它可以点燃孩子们心中的憧憬和理想；它是风帆，可以载着孩子们驶向知识的海洋。

（季霞芳）

1-4 微笑，教师最美的语言

微笑，能放松自己，给自己增添人格魅力；微笑，能滋润学生的心灵，是有形的快乐；微笑，能播下友谊的良种，是无声的问候。

微笑着做老师，保持乐观的心态，这样教师才会充满活力和自信。我们不能忘记，教师的情绪直接影响学生的情绪。心态决定命运，要努力营造和谐的氛围，面对学生，脸上挂着笑容，永远给学生以希望，告诉他们，每个人都不同寻常，希望他们的人生永远是春天。这样才能正确引导学生，挖掘出学生的潜能，而潜能是每个人潜在的智慧和精神力量。

数学，是一门抽象性很强的学科。将近五年的教学实践，使我深切体会到只有充分调动学生的积极性，激活学生的参与意识和参与热情，使学生成为主体，让学生笑眯眯地学习，才能取得良好的教学效果。

一、微笑，使学生愉快学习

“以人为本”，创造一个和谐、活跃、幽默的课堂气氛是桥梁。怎样创设这样一个和谐、轻松的课堂氛围呢？“微笑”，动之以情的微笑，是良药。

我在执教一年级《11—20 各数的认识》一课中，微笑着说："11 根小棒如何摆能让人一眼就看出是 11?"当有同学说出十根捆起来时又笑眯眯地给予肯定。通过探索，使学生对知识产生愉快。教学目的是为了愉快学习，直观认识，从而对数学产生亲切感，萌发学习数学的兴趣。为了更好地发挥学生的主体地位，通过在教学中让学生数一数、摆一摆、说一说、猜一猜、玩游戏等多种形式，引导学生通过动口、动手、动脑，体验知识的形成过程，让学生积极主动地、笑眯眯地学习。

二、微笑，使学生自信学习

老师在课堂上能恰到好处地微笑，学生就能在精神上很轻松，能大胆思考，能畅所欲言，学生往往就在这样的气氛中"发了光"。我们试想想，一个教师走上讲台就板着一副严峻的面孔，学生看上老师一眼，就会担心"祸从天降"，因而忐忑不安、根本不能专心致志地听课，哪能有什么兴趣去投入学习呢？相反，如果一个老师笑容可掬地，又不失严肃地走上讲台，学生将会兴趣盎然地和老师积极配合，踊跃举手，抢着回答。这样学生心情愉悦地、在不知不觉中就获得新知，提高能力。这样，教师就可以更好地、更及时地了解学生，获得反馈，进而有针对性地进行指导，对自己的教学进行调整。我在执教《11—20 各数的认识》一课中，当教授了"十"和"一"两个概念后，笑眯眯地说："我们的小手也可以捆起来。"之后我便带学生做有趣、简单的"捆小手"游戏，让学生在"玩中学"。在微笑之中，师生之间心与心相连，师生关系融洽，学生尝试到成功的滋味，更有了信心。

三、微笑，使学生自主学习

微笑是人世间最美丽的语言，一个微笑，如灿烂开放的花儿，它让我们感到亲切、自然。你看我们微笑着走进教室，微笑着面对学生，微笑着给他们提出问题，微笑着让他们解答，那该是一种多么和谐的学习气氛啊！所以微笑对我们的课堂教学起着十分重要的作用。

当孩子思考问题时，当孩子回答问题正确时，我们投去一个甜美的微笑，这是对他极大的鼓励，这也为其他孩子树立了榜样；当孩子犯了过错时，教师如能制怒于心，严而有格，笑而适度，对学生鞭策而不伤其心，师生情感能得到共鸣，让学生情绪由紧张变缓和，从而使全体学生积极投入到学习活动中去。"微笑"，使学生"不怕"教师，喜欢课堂，热爱学习。

微笑，并不费力，但它具有无限的力量。学生参与就是指学生能以主人姿态介入教师对学校工作的管理活动。微笑是一种对学生无声的支持行为，它能激发学生渴求参与的热忱和工作、学习中的自主性，从而为开展好各项活动出主意，想办法，并积极身体力行。

四、微笑，让教师完善自我

微笑着做老师，要学会体验工作的快乐。工作需要一种快乐的心境，快乐的心境亦能提高工作效率！而快乐的心境来自对工作性质的定位。当把教学当成一份差事来做时，你会计较时间、报酬、工作数量的多少、福利待遇的高低……也因为计较，你会有许多的不愉快；带着不愉快的心情去工作，便会牢骚满腹。但当我们把教学工作当成事业来做时，价值判断变了：把事业成功与否看作工作的价值所在，抛却了对名与利的追逐与计较，工作的目标是获得成就感，这样，工作时就会主动自愿，就会快乐处事。微笑作为提高教学效能的教学艺术之一，首先必须依靠教师自己本身品质的修养、素质的训练。微笑作为人之灵魂的展示，只有心地真诚，才能笑得真，笑出魅力和吸引力。所以，教师在教学中，在与学生的交往中，经常地、真诚地、有意识地运用微笑，实际上就是在不断地完善和锻炼自己良好的素质。

人非草木，孰能无情，教师也难免在生活中遇到这样那样的烦恼，但是，这烦恼不能带进校园，更不能带进课堂。学会微笑，学会坦然，才能做好其他事情；课堂里的微笑，能把一切杂念从教室里驱逐出“境”，使教师不易发脾气；使孩子感到亲切、温暖，体会到教师对他们的关怀。

微笑，应是人生一道亮丽的风景线。老师们，请不要总是板着面孔面对学生，请微笑吧！在宽松、愉快的教学环境中，师生一起品味成功的喜悦，感受教学的乐趣，只有这样的教学活动才能让快乐之花在课堂中灿烂开放。

（许　靖）

1－5　微笑，一张充满爱的“名片”

微笑，是世界上最灿烂美丽的花朵；微笑，是世界上最意境悠远的诗歌；微笑，是世界上最沁人心脾的蜜汁；微笑，是世界上最动人心魄的韵律……微笑，是一门学问，是一种技巧，是一种艺术。

一、微笑：对学生的赏识

罗杰·罗尔斯是纽约州的第五十三任州长，也是纽约历史上第一位黑人州长。他出生在纽约声名狼藉的大沙头贫民窟。在这儿出生的孩子长大后很少有人获得体面的职业。然而，罗杰·罗尔斯是个例外，他不仅考上了大学，而且成了州长。在就职的记者招待会上，罗尔斯对自己的奋斗历史只字未提。他只说了一个让人非常陌生的名字——皮尔·保罗。后来，人们才知道，皮尔·保罗是他小时候的一位校长。

1961 年，皮尔·保罗被聘任为诺必塔小学的董事兼校长。当时正值美国的嬉皮士流行的时代。他走进诺必塔小学的时候，发现这里的穷孩子比“迷惘的一代”还要无所事事。他们旷课、斗殴，甚至砸碎教室的黑板。

一天，当小罗尔斯伸着小手走向讲台时，皮尔·保罗对他说："我一看你修长的小拇指就知道，将来你是纽约州的州长。"当时罗尔斯大吃一惊，因为长这么大，只有奶奶让他振奋过一次，说他可以成为五吨重小船的船长。这一次，皮尔·保罗先生竟说他可以成为纽约州的州长，着实出乎他的意料。皮尔·保罗脸上的笑容深深地定格在小罗尔斯的心海里，而且，他深深地记住了皮尔·保罗的那句话，并且相信了它。从此，他的衣服不再沾满尘土，他说话时也不再夹杂着污言秽语，他开始挺直腰杆走路，在以后的日子里，他成为班主席。在以后的四十多年间，他没有一天不按州长的身份要求自己。五十一岁那年，他真的成为纽约州的州长。

罗尔斯在他的就职演说中有这么一段话：信念值多少钱？信念是不值钱的，它有时是善良的欺骗。然而，你一旦获得了它，并且坚持下去，它就会迅速升值。在这个世界上，信念这东西，对任何人都是公平的，都可以免费获得，所有的成功者都是从一个小小的信念开始的。信念是所有奇迹的萌发点。

罗尔斯的故事给了我们深刻的启示：一个人的出身不能决定他的将来；一个人的天赋不能决定他的最终成功；一个人的起点不能决定他一生的发展。一个人在他成长的过程中需要有一个支撑点，这个支撑点就是信念。是信念激励一个人不断地追求，是信念让人们锁定所追求的目标，是信念鼓励人去探寻达到目标的正确方法，是信念给予人不达目的誓不罢休的毅力。而根据成功学的原理，信念来自正确的引导和成功的鼓励。而引导和鼓励的最佳方式是他人的肯定。对于一个求学的孩子来说，老师的赏识、表扬和鼓励则是树立孩子们坚定信念的强有力的动因。可以说，皮尔·保罗的那个善意的微笑，还有他的那句充满鼓励的话，成就了罗尔斯！

一个好的老师明白应该在什么时候给孩子适当的鼓励。老师的一个善意的微笑，一个鼓励的眼神，一句真诚的表扬，对孩子来说，就是老师给他们最好的礼物。这份礼物，也许是世界上最经济，然而却是最大方得体最温馨可爱的礼物。因为，孩子们所看重的不是眼睛所能看到的那个物质的实体，而是只有内心才能感受到的那份精神的愉悦。孩子们收获的是被人认可、被人肯定的莫大的成功感，这份成功感将会变成促进他们取得更大成功的无形的推动力。在这个看不见的力的推动下，孩子们认知社会的目光会变得富有智慧，感悟生活的触角会越来越敏锐，解决生活中实际问题的方法会越来越得当，各方面的综合素质会越来越强。

二、微笑：心与心沟通的桥梁

让我们先来看一个“一只腿的鹅”的故事：

王府里有一个很有名的厨师叫李三，李三做的最拿手的菜就是烤鹅。他的烤鹅很有名气，色香味搭配协调、味道鲜美、外酥里嫩、肥而不腻。他工作很卖力、很认真，王府里每次招待客人都要上这道菜。可是，工作出色的李三从没有看到王爷对他流露出一丝赞美的微笑，没有得到王爷一句称赞的话，更没有在待遇上有所体现。

一天，王府里招待几个非常尊贵的客人，酒席上需要上李三的烤鹅。于是，李三认认真真地把烤鹅做好，恭恭敬敬地端了上去。王爷等烤鹅端上去后，就给客人分鹅腿。当王爷分完第一条鹅腿后，准备分第二条的时候，发现少了一条腿。王爷回头问李三：“那条腿呢？”李三恭恭敬敬地回答说：“咱们的鹅只有一条腿，王爷。”王爷当着客人的面不好发作，尴尬地笑了笑。

晚上，客人离开后，王爷找到李三说：“咱们一起去看看鹅。”于是，李三和王爷一起来到鹅舍里，他们看到鹅们正一条腿着地地睡着。李三说：“王爷，你看，咱们的鹅只有一条腿。”王爷生气地大声鼓掌把鹅弄醒了，说：“你看，鹅是几条腿！”李三说：“王爷，只有在你鼓掌的时候，咱们的鹅才是两条腿！”

这是一则很有趣的故事，细品，就悟出一些道理：在我们的教育教学工作中，赏识、表扬、鼓励是多么重要。李三费尽心思，只是想得到主人的赏识罢了。李三的想法其实每个人都有，这是人的一种本性。能干的李三需要王爷为他鼓掌，我们的学生更需要老师真诚的微笑。

作为老师，如果多一些微笑给学生，更多地给予学生赏识和鼓励，就会产生许多奇迹。一个善意的微笑胜过千言万语，一个会心的微笑，会在彼此之间架起一座心灵的桥梁。这些微笑犹如清泉涟漪，辉映着班集体成员的心灵，引导着学子们孜孜以求的成才之梦。微笑，她统一着真善美，蕴含着"胸有万汇凭吞吐，笔有千钧任翕张"的魅力。因为在这种微笑里，被震颤的是心灵，被开发的是天性。

微笑，不仅仅是一个简单的表情，它体现的是一个老师对学生们的爱。爱，是一种重视，一种呵护。微笑，是教师面对学生、面对生活、面对事业的一张名片，有了它，我们的身边将充满爱，这是我们用真心去换回的幸福！

（叶季红）

1-6　让微笑走进课堂

我们都知道人类的微笑是一种情感交流，教学活动更是一个师生间情感交流的过程。通过微笑，可使师生在感情上彼此信赖支持，思想上水乳交融，创造一个良好的和谐的课堂生态环境。

教育也需要微笑。而英语教育更需要微笑，借助微笑交流，使学生充满安全感、亲切感，敢于表达，乐于表达，对英语充满兴趣，从而提高学生的英语能力。有限的感情投入，创造无限的感情空间，让每一堂课都朝气蓬勃，学而不厌。

一、微笑：有效的课堂动力

苏联教育家阿莫纳什维利说过："如果加上心灵的力量，那么知识的大门都将在他面前敞开,知识将成为他改造事物和进行创造的工具。"微笑则是轻扣学生心灵之窗的天使,是打开学生知识之门的钥匙,是激发学生不断进取的号角。微笑虽是一种无声的语言,但它在课堂中恰到好处的运用会起到"此时无声胜有声"的作用。微笑是英语课堂上的润滑剂,可为我们的课堂激发出无穷的动力。具体的动力有两方面:

(一)树立自信的动力

在英语课上总不乏有这样一类学生:上课怕举手回答问题,怕参与集体活动,怕挨老师的批评,到最后甚至失去了学习英语的信心与兴趣。究其原因有两点:首先,我们的学生对自己缺乏自信,对自己有所怀疑,不敢或不愿大胆表达自己掌握的知识与想法。其次,我们的老师有时不能对学生的课堂表现作出正确的评价。针对这两个问题,微笑会让我们得到意想不到的收获。在自己动情的微笑下,教师会发现学生变了,一点点地变得乐观,开朗,勇于和善于表达自己,那么他的自信心也会慢慢恢复。所以,老师请学会微笑。

(二)克服困难的动力

当学生树立了学习英语的信心,有了学习英语的兴趣,那么他在学习中遇到困难时就会想方设法解决,选择迎难而上,以此来巩固、提升自己的信心。当学生有了这样的积极心理,在一旁的老师要善于抓住这样一个好的契机,再次展现你微笑的魅力,鼓励他们独自战胜各种困难,挑战自己,拥有乐观积极的态度,以此来形成一个健康的人格。这远远比教会学生知识更重要,因为你不仅是在教学,更是在教育。教给他们一种受益终身的精神,一种乐观向上、永不服输的精神。

请多微笑着对学生说,"Come on!"他们会因为你的信任,你的鼓励,你的笑容,而更加努力,前进的步伐也会更加坚定。

二、微笑:亲切的心语交流

课堂上教师的微笑不仅是一种简单的面部表情,更是一种传神而亲切的心语交流。这种微笑要是自发的,自然流露的,毫不矫揉造作的。这就需要我们的教师做到以下几点:

(一)保持一颗童心

要想在课上能对孩子们时常保持笑容,那就需要教师挖掘自己的童心,用孩子的眼光看世界,与他们一起游戏,一起活动,感受他们的喜怒哀乐。这样他们才不会觉得教师高高在上,不可接近。真正做到"亲其师,信其道。"如果你是位孩子们乐于接近的老师,是位懂得倾听学生心声的老师,那么你是幸福的,因为他们会珍惜与你在一起的点点滴滴,注意聆听你课上讲的每个知识点,记住你说的每个叮咛和教诲。

老师请多多绽放你的笑容吧!请相信:你若保持一颗童心,你就可能打动孩子们的心灵,你就可能点燃他们的热情。那充满着魅力、亲切而又和蔼的微笑恰似一股无法阻挡的魔力,它会将孩子们生活中的快乐延伸到课堂中,将他们生活中的不快在课堂中遗忘,让他们感受到的乐观精神运用到生活中。

(二)怀揣一颗公平心

这一点作为教师非常重要。虽然对优秀学生的喜爱是人之常情,但我们也应该关注一般的或学习有困难的学生,发掘他们每个人的潜力,让自己的眼神投向每一位学生,把自己的笑容传递给每一位学生。使他们知道老师关注他们每一个的发展,关注他们每一个的情感,期待他们每一个的进步。微笑之花才会绽放在每个孩子的心里。

(三) 拥有两份爱心

这里的两份爱心是指热爱学生之心和热爱事业之心。师生之间,客观上存在着一定的心理距离,这个距离越大,教育的有效性就越小。师道尊严,不是靠教师外表的尊严,而要靠教师内在的气质、品格、学识和对学生的爱。严厉的爱会显得过于沉重,而微笑的爱则会让学生感到很温馨,正如诗句所描述的那样:"随风潜入夜,润物细无声。"微笑是对学生的爱,是对自己的爱,更是对教育事业的无私的爱、博大的爱。所以如果你能以微笑的心对待一切,那么你得到的一切会让你快乐!

三、微笑:学习的润滑剂

微笑是阳光。微笑是活跃课堂气氛的润滑剂。教师带着微笑出现在课堂上,就在教与学之间架起一座情感交流的桥梁,就能让学生在和蔼、亲切与愉快的气氛中喝下知识的泉水。

(一) 微笑着鼓励

记得一次英语课上,请学生们单词接龙,进行着小组间竞赛。正当游戏进行得热火朝天的时候,突然因为一位学生戛然而止。我定睛一看,原来是Jenny,这是一个上课从不主动举手,回答问题总是很紧张,不愿参加各种小组活动的女孩。同学们这时把目光投向了我,特别是Jenny所在这组的同学希望我能立刻叫她坐下去,取消她的参赛资格,以免影响整组的成绩。但我并没选择这样做,我面带微笑向她走过去,同时微笑着鼓励她说:"Jenny, believe yourself, you can do it!"我同时带动周围的同学一起微笑着对她说:"Yes, you can!"我想这样充满真诚的微笑,充满期待的微笑,谁也不会拒绝,Jenny也不例外。她终于自信地说出了大家都想听到的答案。因为她富有勇气的表现,大家把雷鸣般的掌声和赞许的目光送给了她。

从那以后,Jenny带给了我们一次又一次的惊喜与感动。我知道是微笑的力量让她改变了自己，成了一个自信而阳光的女孩。试想如果那天我没选择微笑而是对她怒目而视，送她一句冷冰冰的"Sit down, please"，那么这个孩子将很难得到进步，而我的课堂也会失去一位参与者，那我就很难做到关注全体学生，关注每个学生的情感了。微笑的鼓励加上语言的鼓励会让你的学生张开自信的翅膀，快乐地翱翔在知识的天空。

（二）微笑着表扬

课堂教学氛围是十分重要的，在小学英语课堂教学中，和谐的师生关系有时比教法更重要。教师在教学过程中应该以孩子的朋友、帮助者的身份出现，不要吝啬我们的表扬和赏识。

在课上多多微笑着对孩子们说"Good. /Wonderful. /Good job. /Great. /You are clever. "这一系列的表扬，会使学生，特别是成绩差或一般的学生信心倍增，因为他觉得自己受到了老师的尊重、承认和满意，从而激起更大的学习热情。

当然，适当的批评也是必要的，但批评要尽量少用，面对学生错误的回答教师应给予体谅，给予帮助。有些学生虽然回答问题积极，但一旦站起来后却吞吞吐吐回答不出来。此时教师可以给予微笑的鼓励，让他不要紧张，再考虑一会儿，或给予体谅，"It doesn't matter, I think you'll give me a good answer next time. "这会使学生体会到教师的宽容体谅及对他的期望，既没有使他非常尴尬，还会激起他下次更加努力的决心。

一次次的微笑，一声声的鼓励，一点点的进步，终将会换来学生越来越多的自信。从而树立起他们学习英语的信心，激发其学习兴趣和参与热情，让他们知道：我也很棒！所以，老师请不要吝啬你的微笑。

（袁　伶）

1-7 让“微笑”之花绽放课堂

微笑是一种力量。教师微笑着对待每一位孩子，用微笑取得孩子的信任，可以拉近师生的距离，使所有的孩子都拥有安全、自由、开放和自信的心境，敢说敢为。教师用自己的教学艺术，充分吸引学生的注意力，不断激活学生的思维，让他们在愉悦中获取知识，掌握技能，丰富情感。我们坚信：只有当孩子获得成功的体验，他们才会微笑；孩子只有在灿烂的微笑中，才能学得主动、学得轻松、学得扎实。

一、创设情境，让学生笑得自在

在日常教学中，教师都十分重视教学情境的创设，常常针对不同年龄的学生以及不同的教学内容创设故事化情境、活动化情境、生活化情境、问题化情境等来提高学生兴趣，促进自主学习。然而，在磁性教育中，我们更强调语文学习心理软环境——“微笑课堂”的创设。

“微笑课堂”坚决摒弃沉闷乏味的呆滞课堂，让风趣幽默走进课堂，把微笑洒进课堂，用爱心融入课堂，让民主平等在课堂彰显。教师要善设情境，努力营造“平等、宽容、民主”的课堂文化。我在教学课文《欢乐的泼水节》时，用学生自己的生活体验——过节时的欢乐心情来创设问题情境，使他们一开始就被浓浓的节日气氛所感染。喜庆而又热闹的节日是每一位学生所向往和期盼的，“微笑”绽放在学生脸上，欢乐涤荡着学生的心。教师要笑容可掬地走进课堂，营造学生能笑的氛围，唤醒学生笑的本能，让学生笑得真心，笑得自在。

二、巧对尴尬,让学生笑得自信

康德说过,“人是一个有限的理性存在,但有无限的可能性”。处在发展过程中的儿童更是有无限的可能性。儿童的可能性意味着儿童还没有成熟,所以会发生问题,有错误、有缺点是正常的;也正因为如此,儿童存在着巨大的潜能,而教育就是要开发这种潜能。教师的职责在于观察儿童,发现儿童发展的种种可能性,帮助他们找到发展的最大可能和最好可能。其间,教师对儿童的评判亟须谨慎,亟须智慧,有时甚至需要耐心等待。

有一次语文课上,学生们都在有声有色地读着课文,小张同学也读得特别响亮,那双小眼睛还不时地瞅瞅老师,好像在说:“老师,我也会读了……”看着他那跃跃欲试的样子,我微笑着请他站起来读书,他高兴地站起来,大声读:“……灰京鸟开始归林了。一开始还是一小群一小群地飞过来,盘旋着,陆续投入刺瑰林……”“哈哈……”教室里一片哗然,小张脸涨得通红,读不下去了。我忙走到他身边,摸着他的头说:“同学们,××同学今天读得怎么样?”“他把‘灰椋鸟’读成‘灰京鸟’,把‘刺槐林’读成‘刺瑰林’啦!”“声音比以前响亮多了!”“不像以前那样结结巴巴了!”……“是呀,虽然小张同学刚才读错了两个词,但他今天声音响亮,也读得比较流利,我们把掌声送给他。”教室里响起了热烈的掌声。这时小张的脸涨得更红了,但声音却越来越高。虽然他读得还不怎么流利,更谈不上什么感情,但对语感极差,对胆子又小的他来说,已经很不容易了。读完之后,孩子们再次把真诚的掌声送给他。当我挥手示意请他坐下时,他坐得特别端正。

在日常课堂教学中,往往会因为一个学生错误的或者是富有创意的发言,而引起哄堂大笑,从而形成语文课堂教学中的尴尬。这时教师更要巧妙地运用即时评价语,用真诚的笑脸、信任的眼神、激励的话语、真心的交流,激发学生学习的欲望,使教与学互相交融,师生互相尊重,让每一个学生都笑得从容,笑得自信。

三、分享生成，让学生笑得自豪

纵观传统课堂，课堂往往成为演绎教案的平台，看上去环环相扣，天衣无缝，却平淡如水，索然无味。微笑课堂积极倡导教师眼中要有学生，让教学有底气，课堂有生气，让所有的学生分享成功的欢笑。

我在教学一年级语文时，有一次，教学生念儿歌："小蝴蝶，穿花衣，青草地上做游戏。飞到西，鸡吃你；飞到东，猫抓你。飞到我的手心里，说说话，放了你。"三、五遍下来，大家都会读了。于是我对学生们说："喜欢这首儿歌吗？那就背一背吧！看谁背得快。"当大家兴趣盎然准备背诵时，突然有位小男孩站起来说："老师，我不喜欢这首儿歌，蝴蝶好好地在做游戏，猫和鸡为什么要去欺负它？我想应该改一下。"小男孩的一番话让整个教室顿时静了下来，一个个瞪大了惊讶的眼睛，我也愣住了。我面对的是学生自由感悟的挑战，遭遇的是始料不及的问题，但我马上捕捉到了语文课堂上绽放思维火花的生成点，马上转变策略，微笑着对那个小男孩说："聪明的小朋友，说说看，该怎么改？"在我的鼓励下，那位小男孩红着脸说："小蝴蝶，穿花衣，青草地上做游戏。飞到西，鸡亲你；飞到东，猫疼你。飞到我的手心里，说说话，放了你。"我马上称赞他改得好，鼓起掌来。又有一位小朋友举手说："我看最后两句也不好，'说说话，放了你'是把小蝴蝶捉起来，强迫它说话，太霸道了。可以改成'说说悄悄话，我最喜欢你。'""改得好，你真棒！"我赞叹不绝的话刚落，讲台下面已经小手如林了。在我的微笑和激励下，小朋友们纷纷举手，表达了自己的创意修改。

生命不可能被预设，智慧也不会被预约。让"微笑"引领小学语文课堂，让小学语文课堂真正成为师生共同创造的舞台，撷取无法预约的精彩生成。让"微笑"之花在小学语文课堂中绽放。

（王　洁）

1-8 微笑如闪电般亮堂

今天你微笑了吗？或许在繁忙的工作环境下，我们忘记了微笑；或许在沉重的生活压力下，我们忘记了微笑；或许在日复一日没有改变的生活节奏下，我们忘记了微笑。但是，"不管遇到怎样的事情，都请安静地愉快地笑对吧！这是人生。我们要勇敢地、大胆地接受人生，而且永远地微笑"。当我拿起镜头对着孩子们，他们又是如何回应的呢？他们对我微笑：这是一种天真，是一种自信，是一种对生命无畏、充满渴望的态度。

一、微笑，如闪电般的迅速

学生年龄小，他们总爱和同龄的孩子们交往、玩耍。教师和学生们的年龄有一定差距，总会有那么些隔阂或代沟。学生认为老师是成年人，高深莫测。此时，教师的一个微笑可以很快拉近师生之间的情感距离，迅速让学生乐于接受自己所传授的知识，第一时间让学生消除抵触情绪，乐于接近老师，甚至信任、喜欢老师，从而缩短了师生之间的距离，使得教师能更好地和学生交流，了解学生的内心感受和需求，在微笑中带动学生更好地完成教学任务。

其次，适时的微笑可以起到鼓励的作用，让学生产生自信心。如果一个老师面带微笑，又不失严肃地走上讲台，学生将会兴趣盎然地和老师积极配合，踊跃举手，抢着回答，这样学生就能在不知不觉中心情愉悦地获得新知，提高能力。当在学生回答错误或是开小差的时候，如果当众批评孩子，不如送给同学一个微笑，因为一个微笑可以重新吸引学生认真听课，又不让学生忐忑不安。

最重要的是，微笑是一剂灵丹妙药，它会使学生对你所教的学科渐渐产生浓厚兴趣，学习越来越主动，把上课当成是一种游戏，一种活动，从而更放松地在课堂上相互交流，共同探讨，在发表自己想法的时候毫无压力。比起教师独自言传，学生们的互动和探讨更符合新课程标准中“任务驱动教学化”的宗旨，能更深刻地将知识点印入学生脑海。从而，学生们在欢乐的氛围中更愿意把心中的小秘密分享给亲切的老师们听。

二、微笑，犹如闪电般震撼

微笑是关注，使人觉得在你心中有地位；微笑是赞许，能给人以不夸张的肯定；微笑是友好，预示着我们之间没有任何心理距离；微笑是激励，表达着我们可以共同努力；微笑是关心，似乎在对人说“你好吗”；微笑是宽容，好像在对人说“没关系”。微笑是微微的一颦，是轻轻的一笑。微微一颦，使人顿觉放松，远离紧张，远离心虚；轻轻一笑，使人倍感动力，走进悦纳，走进理喻。微笑不是一种技术，而是一种心境。

作为教师，微笑拥有着无穷的教育魅力。教师微笑着面对学生，能给学生一种宽松的师生交往人际环境，能使学生感受到教师的理解、关心、宽容和激励。教师的微笑是腼腆学生的兴奋剂，使拥有创新思想的孩子们更敢于去表达自己，一改传统的保守式学习；教师的微笑是外向好动学生的镇静剂，使他们得到及时的提醒，意识到自己的言行需要控制和自律。

教学工作中教师的微笑能够活跃课堂氛围，活跃学生思维，活跃学生的情绪；德育工作中教师的微笑是对不良行为的理解和宽容，引起学生的自我反思和觉醒；是对良好行为的鼓励和赞许，激励学生不断努力和进取。教师的微笑和严厉同样重要，但二者相比，微笑更平和、温和，更可亲、可爱。严厉的教师令学生敬畏，微笑的教师令学生喜爱，善于在严厉中不时渗透会心微笑的教师，则令学生敬爱。如果说，有一种力量可以让人坚忍不拔，那是微笑的力量；如果说，有一种力量可以让人自信满满，那是微笑的力量；如果说，有一种力量可以让人心头一暖，那也是微笑的力量。微笑是人与人之间最直接的表达，是传达感情最直接的方式。微笑，一个简单的动作，却能给人前进的力量、生活的信心和心灵的慰藉。

三、微笑，如闪电般划破天际迎来雷鸣

每个老师都知道进教室后，教师就如同台上的话剧演员一样，有再多的负面情绪都要用微笑掩盖住。但真心的微笑才能真正发挥力量，我也相信只有一个身心健康开朗的老师才会拥有一个健康的微笑，才懂得用微笑去赞美他人，用微笑去化解误会，用微笑去合作，用微笑去交流。你会体验到幸福，你会少许多焦虑、困惑和无助，多许多理解、支持和帮助。然而教师的微笑应该是善意的、会意的，发自内心的，而不应该是装出来的、无奈的、痛苦的笑。微笑是一种态度，而我认为态度决定一切。只有心中装着学生的教师才会有甜美的、会心的、善意的微笑，只有真正尊重学生的地位，尊重学生的人格，尊重学生的潜能，教师的微笑才会起到作用。

曾听到这样一句话：世界是一面镜子，它能折射出每个人的面孔。若你紧皱双眉，你会看到自己愁眉苦脸；若你微笑面对，则能看到自己容光焕发。当你微笑时，受益的也是微笑者本人。我们常说“笑一笑，十年少”，微笑能给自身带来一天愉快的心情，教师对学生的微笑既能够消除自己的心理疲劳，忘掉忧愁和烦恼，又能够减少对学生的压力，改善学生的学习状态。

古希腊哲学家苏格拉底有一句名言是这样讲的：“在世界上，除了阳光、空气、水和微笑，我们还需要什么呢？”换句话说，微笑同生活中的阳光、空气、水分一样重要。

（殷　魏）

赞美："磁性课堂"的语言

赞美是什么？赞美就是欣赏的眼光、真诚地鼓励；赞美就是暖心的话语、前行的力量；赞美就是一种专业智慧、人生态度……赞美是促进课堂变革的秘密武器。因为赞美的本质是对学生的公平对待，赏识认同。我们相信坚持赞美孩子们的优点和长处，就一定会换来优异的成果。我们愿共同携手，让赞美之声洋溢在富有吸引力的课堂之上！

赞美是一种高雅的艺术；赞美是开启心灵的钥匙，是沟通情感的桥梁；赞美能增强孩子的自信心，激发学习的动力，促使良好品德的形成。五年级语文第一学期教材有一篇课文——《坐在最后一排》。课文主要讲述了小主人公从教室最后一排的座位调整到第一排中间的经历，实际也是其从学困生转化为第一名的过程。故事情节并不曲折，语言辞藻并不华丽，但蕴涵的哲理却能深深打动人心。

其实，从这篇文章中受到教育的不仅仅是孩子们，更应该是我们这些成年人，我们这些老师。读完课文，我一直在反思：究竟是一种什么样的力量，让文中那个觉得自己“丑、笨、脾气倔强性格孤僻、不会乖言巧语、察言观色”而自卑的孩子发生那么大的转变？究竟是一种什么样的力量，让一个“自甘堕落”、固定坐在最后一排的学生，通宵未眠地把没做的题全部认认真真地补上，继而各科成绩很快进步，最终获得班上的第一名？究竟是一种什么样的力量，让作者永远不能忘怀那个“把我的生命和灵魂引向另一种暖度、亮度与高度享受的人”？那就是“白明老师”的赞美，那就是赞美的力量。

构建富有吸引力的课堂是每一位教师的追求，自然而然地，“赞美”理应成为“磁性课堂”的语言。

何为“赞美”？字典中的简单解释为：赞扬歌颂。更具体的说法是：发自内心的对于美好事物表示肯定的一种表达。宋范缜《东斋记事》卷一：“是时，王沂公为宰相，吕文靖公、鲁肃简公参知政事，极赞美之。”可见赞美一词古皆用之。茅盾在《白杨礼赞》中也写道：“白杨树实在是不平凡的，我赞美白杨树！”随着白话文普及推广，“赞美”一词应用广泛。

赞美的词义与表扬非常接近。在学校磁性课堂项目酝酿初期，老师们对项目定义使用“表扬”还是“赞美”拿捏不定。经过多次讨论以后，大家一致觉得，用“赞美”一词，可以促使教师对孩子们的观察更科学、更细致、更全面，可以传递出更宏大的正能量。那么在各学科课堂上，老师要怎样进行赞美，以发挥它的魔力呢？我校的老师们纷纷交出了自己的研究答案：

赞美就是欣赏的眼光。老师在课堂上时时以饱满的精神、欣赏的眼光、鼓励的话语对待学生，在教学行为中闪烁教育智慧的光芒。

赞美就是真诚地鼓励。老师可以将赞美当成一种工作习惯，当成每个有责任心的老师的追求。赞美要着重体现真诚感，不能浮夸，要让孩子们感受到教师的情意，"让赞美滋润孩子们的心田"。

赞美就是暖心的话语。不同学科的老师，可以使用不同的专业术语来赞美孩子们的点滴进步。老师可以用赞美来构建富有推进力的课堂语言，可以致力于用赞美来营造愉悦、宽松的学习环境，并且老师要深信每个学生都能取得成功。孩子们由此获得正能量，积极主动投入到学习活动中。

赞美就是前行的力量。老师的赞美富含营养，可以让孩子们更优秀。课堂上，孩子们感受到赞美所带来的幸福和快乐，成了他们优质的动力，让学生在优秀的道路上昂首前进。课堂上对赞美的倡导，让学生更加感受到语言学习的乐趣，体会到自信带来的学习动力。孩子们始终处于一种鼓励的环境中自信地学习，学习成绩就会突飞猛进。

赞美就是一种专业智慧。教育教学经验丰富的成熟教师，会利用赞美使孩子处于积极愉悦的学习状态，来提高课堂学习的效率，激发出孩子们的潜能。孩子们的成功，就蕴藏在我们的赞美之中。通过赞美的运用让孩子们课堂上听得更认真，说得更清晰，读得更准确，写得更积极。

赞美就是一种人生态度。只有经常赞美别人的教师，才能真正欣赏自己。学会赞美体现了老师自己的人生态度。课堂上，老师利用即时赞美，提高学生的学习兴趣，使他们专心听讲，勤于思考，积极探究；活动中，老师利用过程赞美，给学生以鼓励，培养学生的自尊心和自信心，从而切实提升教育教学质量……

"磁性课堂"的使命就是运用各种有效方法提升孩子的学习力。"赞美"是促进课堂教学有效性提升的最绚丽展现。每一位教师在课堂上对赞美进行了实践探究，用自己的感悟诠释了"赞美"在学科课堂中理解和应用。通过梳理老师们的实践成果，我们看到了对"赞美——磁性课堂的语言"的进一步研究方向。我们可以征集深得学生喜爱的课堂赞美语句，汇编成册并向全体教师推广。我们可以让孩子们评选出“最会赞美”的教师代表，并邀请她们将自己的工作经验通过论坛和大家分享互动。我们也可以就赞美主题进行深入研究，就赞美对孩子学习的强化效应，以及存在的问题和改进措施开展更专业的实践探究，最终让赞美真正成为每一位教师的职业习惯。

捷克教育家夸美纽斯指出，“应当像尊敬上帝一样尊重孩子”。赞美的本质是对学生的公平对待，赏识认同。坚持赞美孩子们的优点和长处，促进他们不断追求成功，就一定会换来优异的成果。我们相信赞美的力量，让我们共同携手，自信坚强；沟通心灵，启迪智慧。请让赞美之声洋溢于课堂之上！

（陶　怡）

2-1 “高帽子”的魔力

每个人都渴望得到别人的理解与肯定，每个人都会发自内心地珍惜别人对自己真诚的赞扬。当人们听到赞美的话语时，都会产生一种愉悦的心情。特别是孩子对此感觉更加敏感，喜欢老师给他们戴“高帽子”的。特级教师于永正的一句话说得好，“我带着一百顶高帽子走进教室，哪里需要就往哪里抛去”。赞美是对孩子的思想和行为给予肯定的评价，老师的一句赞美，一个微笑，一次肯定的点头，都会让孩子快乐许久。赞美是一种高雅的艺术；赞美是开启心灵的钥匙，是沟通情感的桥梁；赞美能增强孩子的自信心，激发学习的动力，促使良好品德的形成。那么在课堂上，老师要怎样进行赞美，给孩子们戴上不同的“高帽子”，让这些“高帽子”发挥魔力呢？

一、捕捉闪光点——增强孩子的自信

苏联教育家赞科夫就说过这样的话:"儿童对于老师给予他的好感,反应是很灵敏的,他们会用爱来报答老师的爱。"因此作为老师应从小处着手,要善于捕捉孩子的闪光点,抓住孩子的点滴进步,及时给予表扬。其实良好的品质与学习习惯是由许多细小的行为与环节组成的,要求孩子一下子由"差"变优是不现实的。只要有助于孩子改正缺点,弥补不足,老师就应乐于表扬学生。

如我班的小任,她是一个文静的小姑娘,课堂上总是安静地坐在座位上,几乎不举手发言。我一直鼓励孩子们要大胆地举手发言。一次语文课上,我惊奇地发现她举起了小手,我很高兴,马上请她回答了问题。虽然她的回答不够全面,但孩子能举手发言,我情不自禁地鼓励说:"你很会动脑筋!如果以后一直能积极发言,老师相信你会更棒的!"话音刚落,其他的孩子向她投去羡慕的目光,我发现她的嘴角扬起了微笑。在接下来的课堂上,孩子的思维越来越活跃,课堂上时常能看到她高高举起的小手。我也尽可能多地给她发言的机会,她的学习成绩也得到明显的提高。从心理学的角度看:一个人只要体验一次成功的欢乐,便会激起追求无休止的成功的力量和信心。可见,只要老师善于捕捉学生的闪光点,发自内心地使用表扬,必定能不断地树立学生的自信心。

二、亲切的微笑——促使好习惯的养成

一直口头表扬会让孩子失去新鲜感,甚至产生厌烦感。苏联教育家苏霍姆林斯基说:"教育者与自己教育对象的每一次接触,归根到底是激励对方的内心活动。微笑就是一种不露痕迹的表扬。"微笑能给孩子带来亲切感,灿烂的笑容会帮助你赢得孩子的爱戴,给孩子心里留下持久的影响。当你想与孩子进行情感交流时,不妨轻轻一展笑

容，它胜过千言万语。作为教师，在教育学生时，千万不要吝啬你的微笑。

我班有个聪明的男孩子叫小陈，虽然他在课堂上很喜欢发言，但举手的同时小嘴巴会不由自主地说："老师，我来！我来！我来！"我先是用目光盯着他，示意他这种做法是不对的，然后微笑着对他说："老师要请会举手的小朋友来回答问题。"他听了，马上把小嘴巴闭得紧紧的。看着孩子那可爱的表情，我忍不住笑了，他也不好意思地笑了。渐渐地，孩子能端正地举起自己的小手，"我来！我来！我来！"这句话也很少从他的口中说出。我总是以微笑的方式表扬他，他也会给我一个甜甜的微笑。老师要以笑容面对学生，以乐观、豁达、超然的微笑对待学生，这不仅仅是表扬学生的方式，也是拉近老师与学生间距离的纽带。

三、巧用奖品——激发学习的动力

不同的孩子对表扬与奖励的反应不同，因此要做到因人而异采取不同的表扬与奖励方式。根据孩子的年龄特点，对孩子的奖励方式也各不相同。

我带现在所任教的班级已经五个年头了。记得在教低年级的时候，针对低年级学生的特点，我经常巧用奖品，强化表扬。为了使更多的小朋友都能享受成功的喜悦，我设立的各类奖项目标是让孩子们伸伸手或跳一跳就能得到的。例如：字写得好、书念得响亮或举手回答问题等，我会马上在学生的书本上盖个大拇指的印章，大拇指的下面刻有三个醒目的字——"你真棒！"小孩子往往会因为得到这样的奖励而乐上半天。当小组得到表扬时，我会及时地在黑板上给这一组画上五角星，这样就增强了孩子们的集体荣誉感。而孩子随着年龄的增长，到了中高年级，我慢慢发现这种方式开始不管用了。于是，我开始改为发奖状的形式。奖状是机动的，奖状的内容是多样的：有"作业进步奖"、"优秀作文奖"、"小小书法家"等。拿到奖状的同学个个眉开眼笑，学习的干劲更足了。总之，在教育教学过程中，教师不要吝啬表扬，要善用巧用表扬，抓住表扬的契机，恰当地表扬，运用表扬艺术，引领孩子健康成长，激励他们迎接更高的挑战。

四、新意的语言——闪烁智慧的光芒

莎士比亚说："赞赏是照亮在心灵上的阳光。"它能驱散孩子内心的迷茫，撒下希望的种子。赞扬人也是一种艺术，不但需要合适的方式加以表达，而且还要有洞察力和创造性。每个孩子在内心深处都是渴望成为一名好孩子的，他们都需要老师去赞美他、表扬他。每个孩子都有各自的长处，老师表扬他们不能泛泛而谈，"你真棒"，"你真不错"。孩子是很聪明的，空洞的表扬只会使他们丧失兴趣。因此，我在课堂教学中非常注意根据不同的学生来表达赞美之辞。要让孩子们在一堂课上大胆地说并不容易，因为他们怕说错，怕被笑话。这时老师的赞美之辞起着贯穿整堂课的作用。说得好时，我可以赞美他"谢谢你，你说得很准确，很清楚。""你很有创意，这很可贵，请你响亮地再说一遍。""对！说得好，我很高兴你有这样的认识，很高兴你能说得这么好！"说得欠佳时，可以安慰孩子"虽然你说的不完全正确，但我还是要感谢你的勇气。"有的孩子很紧张，站起来什么都忘记了，我们可以对他说："老师知道你心里已经明白，但是嘴上说不出，我把你的意思转述出来，再请其他同学帮你说，好吗？"恰当地运用赞扬语，这不但不影响教师在学生中的威望，而且还能建立良好的师生关系，使课堂处处闪耀着智慧的光芒。其实，教师可通过多种渠道积累富有新意的课堂赞美语言，比如：上网搜索查找、多听名师上课、平时勤于反思……

作为一名语文教师，如能时时以饱满的精神、欣赏的眼光、鼓励的话语对待学生，必能起到"随风潜入夜，润物细无声"的教育作用。希望所有的老师都会赞美孩子们，给孩子们带上一顶顶特制的"高帽子"，让我们的课堂也因这些"高帽子"而充满魔力！

（储　颖）

2-2　成功蕴藏在你的赞美之中

莎士比亚有这样一句名言："我们得到的赞美就是我们的薪水。"赞美是世界上最美好的礼物，是世界上最具有感染力的催化剂。直觉告诉我：孩子们需要教师的赞美。在课堂上，教师只有细心地捕捉孩子瞬间闪现的火花，才会表达出恰如其分、内涵深刻的赞美。课堂上犹如点睛之笔的赞美，可使孩子心理满足，可使孩子心情愉快，可使孩子奋发进取。每一个人都喜欢听赞美自己的话，对于孩子来说更是如此。因此，教师被赋予了一个很重要的角色：赞美者。

一、赞美，是阳光、空气和水

赞美能给人一种无穷的力量，激发人向更高处发展。教师的赞美越多，学生就越显得活泼可爱，学习的劲头就越足。赞美能让一个自卑的学生看到自己的长处，重拾自信，进而激发他努力地学习。因此，赞美是孩子们成长不可缺少的养料。

我教过这样一个女孩：她由于基础差，对学习又缺乏主动性，因此每次考试的成绩很不理想。但我发现这个小姑娘平时很活泼好动，反应敏捷，底子里是比较聪明的学生。于是，有一天我在语文课上故意直接点名让她来回答一个非常简单的问题："请你列举出你家三种节约用水的方法。"她很惊讶地站起来，没有想到老师会提问她，因为平时老师一般是直接提问成绩好的同学。她战战兢兢地回答："老师，我不知道。""你想一想你家中妈妈是怎样做的？"过了一会儿，她歪着脑袋说："我妈妈……我妈妈总是用洗衣服的水去冲马桶。""这就对啦！再想一想，像你这样聪明的孩子一定还能想到其他的两种方法的！"得到老师的肯定，她愈发胸有成竹："奶奶平时会用洗菜水去浇花草,妈妈会让我用洗完脸的温水加热水后再洗脚。”她回答完这个问题后我“狠狠”地表扬了她。从那以后,她上课小手经常举得高高的,对语文学习也有了更大的兴趣。

二、赞美,是一座桥,能沟通心灵之河

教师一句激励的话语,一个鼓励的手势,一个甜甜的微笑,往往能给孩子们带来意想不到的收获。教师及时给予孩子赞美,可以强化孩子获得成功的情绪体验,满足其成就感,进而激发学习的动力,培养自信心,促进良好心理品质的形成和发展,同时有助于建立和谐的师生关系,营造一个奋发向上的班集体氛围。

教师的赞美是一座桥,能沟通教师与学生的心灵之河;教师的赞美是一种无形的催化剂,能增强学生的自尊、自信、自强;教师的赞美也是实现以人为本的有效途径之一。教师的赞美越多,学生就越显得活泼可爱,学习的劲头就越足。作为教师都有这样一种感觉,各班总有几个学生既不勤奋上进,又不惹是生非,对班级一切活动既不反对抗议,又不踊跃参加;虽然学业平平,却不名落孙山。一般情况下,既得不到老师的表扬,也得不到老师的批评,是一些容易被老师忽视“遗忘”的学生。我班的小刘就是这样一个似乎没有什么特色的学生。直到有一天,一件微不足道的小事改变了我对他的看法。在一次课堂学习中,他给大家详细介绍了有关金字塔的知识,听完后,我不禁赞赏道:“感谢你给我们上了生动的一课,填补了我们知识中的空白,让我们增长了见识,相信这一定是你平时注重积累的结果,我们应该向你学习,向你表示感谢!”全班学生先是愣住了,而后爆发出雷鸣般的掌声。掌声里不光表达了对这位学生的赞许,更有对老师这种赞美方式的感激。

三、赞美,是一种无形的催化剂

在课堂上,教师要注意自己的言语,尽可能多地给学生送去“高帽子”,让他们在肯

定和认同的环境中，重拾自信。

赞美的方式要多种多样，既可使用饱含深情的语言称赞“非常好！”“噢，你真棒！”“回答得太好了！”也可以用目光注视，用心去交流。有时，无声的表扬语言对学生的积极性调动作用更大，如真诚地笑笑、点点头，或是做一个OK的手势以示赞扬，表达出对他们的爱，同时也让学生感受到教师时时刻刻在关注着他们，课堂中形成良好的互动关系；也可以用肢体语言，如亲切地拍拍他的肩膀，摸摸他的头，拥抱一下孩子等行动进行表扬；还可以在课后的作业里写下类似：“本次作业有很大的进步，望继续努力。”“你的作业完成得非常出色，老师真喜欢。”“你的书写让老师赏心悦目，真棒……”等让学生愉悦的评语。这些简单的评语，教师也许觉得没有什么特别的，然而却能让学生高兴、难忘，能让一个自卑的孩子重新找回自信。只有真诚的、衷心的表扬，才是最有效果的。同时，多种形式的表扬，可以让课堂产生意想不到的效果。

实践使我懂得，教师一句激励的话语，一个赞美的眼神，一个鼓励的手势……往往能给我们带来意想不到的收获。教师对学生小小的成功，点滴的优点给予赞美，可以强化其获得成功的情绪体验，满足其成就感，进而激发其学习动力，培养其自信心，促进其良好心理品质的形成和发展，有助于建立和谐的师生关系，营造一个奋发向上的班集体氛围。请多给学生一点赞美吧，孩子们的成功，就蕴藏在我们的赞美之中。

（李伟敏）

2-3 给孩子“点赞”也有艺术

美国著名作家马克·吐温说过：“只凭一句赞美的话，我就可以快乐两个月。”生活中，每一个人都希望得到别人的赞美。赞美是一种鼓励；赞美是一种肯定；赞美可以让平凡的生活变得美丽、变得多姿多彩;赞美可以把人世间不协调的声音变成美妙的音符;赞美可以激发人的自豪感和上进心。也许一次小小的赞美,就能改变人的一生。其实,在你赞美别人的同时,自身的境界也得以提升。因此,我们应该学会真诚地去赞美别人。

一、真诚的爱——赞美的基石

“爱”是一种极为重要的教育因素,可以说是事关教育成败的心理基础。品学兼优的学生,往往享有“特权”,上课回答问题的机会多,受到的赞赏多,得到的鼓励多。在现实教育中,经常是好学生好对待,差学生差对待。其实,当“爱”过剩时,就会大大贬值,优等生对表扬与赞美麻木不仁,认为一切都是理所当然的,往往挫折承受能力低,变得非常脆弱。而后进生往往因为教师的一句不逊之言而心灵受到伤害并可能因此一蹶不振。

不管在什么时候,什么地方,采用什么方式来赞美,教师都应该注意态度要真诚。让自己的赞美动人心弦的秘诀是,赞美要真诚,有感情,确确实实是发自内心,而不是出自牙缝,这样才能引起学生强烈的共鸣。教师对学生的直接赞美有时会让学生误解教师在“哄”他,而通过第三者传到学生耳中的教师的间接赞美,学生则认为是真诚的。

二、掌握诀窍——赞美的翅膀

多年的班主任工作,使我真正地感受到:教师,尤其是班主任要舍得赞美。赞美是一种赏识教育,是一种感情投资,是催人奋发向上、积极进取的“爱”的教育。赞美也是一把双刃剑,错误的赞美,会使学生产生不切实际的幻觉,迷失方向,也使班里的其他同学对老师的赞扬嗤之以鼻,从而削弱赏识的力度。赞美是一门学问,教师在实践中要掌握一点赞美学生的小诀窍。

(一) 注意分寸,褒贬兼顾

赞美既不能夸大,也不能缩小,必须分寸适度,真实可信。否则有虚伪、假仁假义的嫌疑,还有可能造成误解,甚至被理解成讽刺、讥笑,或是别有用心。赞美之词太空泛太笼统会给人一种“戴高帽”的感觉。只有赞美得比较具体,内容定位很准,才会打动孩子的心,才能够拉近师生的距离。成长中的学生,有不完善的一面是显而易见的,一味地赞美是没有价值的。恰当的指正,能让学生发现不足,并不断进步。

(二) 掌握时机,关注全面

表扬只在最需要时才能发挥最大的作用。当学生取得好成绩时,表扬能让他再接再厉;当学生面临困境时,表扬如一针强心剂,让他振作起来;当学生沉浸在失败的痛苦之中,表扬如黑暗中的明灯,让他重燃希望。学生做了件好事,取得一点小小的进步,纪律有所好转,老师提问,他虽没答对却能认真思考,今天上课又没迟到等等,都是表扬的好时机。每个学生都渴望得到老师的表扬,老师应不失时机地表扬他们。一个人最值得赞美的,不应是他明显的长处,而应是那些尽全力、尽最大努力而取得的进步。

(三) 避免成见,一视同仁

并不是所有学生的闪光点都能自己展示出来,这需要我们去挖掘。不热爱学习的学生也许热爱劳动;不专心听文化课的学生,也许音乐课上就表现突出;不听老师的话,并不一定也不听父母的话……只要我们相信这个学生身上有值得赞美的地方,用敏锐的双眼来发现,就一定能找到。

三、形式多样——赞美的魅力

赞美的方法多种多样,不拘一格。开展小报比赛、演讲比赛、朗诵比赛、球类比赛等活动,能让学生感受到成功的喜悦。学生做对一道题,教师竖起大拇指,或对之微笑点头,能起到激励作用。跟学生谈心时,故意压低声音,说几句“悄悄”话;背后跟家长或其他同学交谈时,热情赞扬某同学某方面的长处,这些都能让学生深深地感受到自己在教师心目中的分量,从而加倍努力。

(一)丰富的语言

赞美的语言要丰富。要给学生新鲜感,给学生以美的享受,使课堂教学达到最佳效果。学生答对了,教师可以这样表扬:“对!”“不错!”“你真棒”;学生回答有创意,教师可以这样评价:“真出色!”“多独特的分析!”“真爱动脑筋!”“独到的见解!”

(二)清晰的导向

一好遮百丑,夸大其辞的赞美,有可能给人留下刻意取悦学生的错觉。正确地评价学生的问题,树立清晰的导向。我们发现,在一个班一节课下来,老师先后提问十几位同学,老师评价总是“好,您请坐!”、“很好,您请坐!”。有的学生的问题正确的成分不到1/3,甚至是完全错误的,也是“好、很好”。究竟好在哪里?难道这就是真的赞美学生吗?这使我想起《中国青年报》上的一篇短文,题目是《夸不到点子上就别夸》。大意是:昨晚,一位上中学的女孩打电话向笔者倾诉班主任近来的“怪现象”:她突然一反常态,比如,总对学生说:“你极有天赋!”“你非常聪明!”刚开始,大家还美滋滋的,尝到“快乐教育”的滋味!可慢慢地就觉得不对劲儿了——她对每个人都这样评价,而无论谁学习上遇到困难,她都会大而化之地肯定:“你一定能成功!”“你是最棒的!”时间长了,同学们弄不清自己的真实情况,渐渐在班主任的表扬中迷失。“她的表扬太廉价了,没有原则,就显得虚伪。”这个女孩的评价十分尖刻。爱听漂亮话是人们的需求。但赞美也和批评一样,如何赞美,赞美什么,都有一个尺度。如果真像这个女孩所说,她的老师对学生由全盘否定变成大肆夸奖,那么,她也许受到了某种启发,正在尝试一种新的教育方式,但很显然,这个老师没弄清赞美的尺度和方法。好的、有效的赞美一定是了解对方优点，并由衷地欣赏。这样的赞赏往往最能夸在“点子”上，效果也最理想。因而，赞美本身要有内涵，盲目的赞美只能适得其反。

1. 动力赞美法

一个合格的教师就要使学生不断得到提高。如何提高呢？首先要使学生明确努力的方向，其次让他们提高自己的自信心。我结合在教学中的失误来谈谈这个问题。在我的课上有一名同学，他的特点是太散漫，平时上课经常因为他一个人把整节课搞得一团糟，把全班的注意力都集中到他那儿。在我的某一次课堂上，这个同学竟然积极地举起了手，并且问题回答得很准确。这太出乎意料了，于是我给予了他很高的评价，并积极地表扬了他。也许我的这一次表扬让这个孩子有了前进的动力，从而培养了他的自信心，从此，他像变了一个人一样，上课既爱发言了，也比较遵守课堂纪律了。

2. 方法赞美法

授之以鱼，不如授之以渔，老师不但要交给学生知识，更重要的是要交给他们学习的方法。在表扬中渗透学习方法，不但能给学生明确学习方向，更能给其他同学起到示范作用。一个学生主动举手朗读古诗，尽管读得不太好，但教师可以说：“为了你的勇气，老师再给你一次朗读机会，好吗？”这时学生一定很高兴，一定会读得比第一次好。一个学生主动举手回答问题，老师可以说：“他的答案不但准确，而且他的做题方法很好，大家可以借鉴他的学习方法。”这样就把老师的方法在学生身上强化，让他们看到自己身边的榜样。因为二年级的孩子正是培养良好学习习惯的阶段，教师在表扬中渗透学习方法，帮助孩子们把良好的学习方法积少成多，能让他们在今后的学习中起到事半功倍的效果。

（三）因人而异

教师除了用口头语言来表扬，也可以用肢体语言来给予评价：鼓鼓掌、竖竖大拇指、发自内心的微笑、连连点头、抚摸孩子的小脑袋……要知道，教师的爱和信任的眼光，哪怕是仅仅投向学生一瞥，学生心灵的深处便会感光显影，映出美丽的图像。

教师还要了解并抓住学生的特点。对于外向型的学生,教师可多用热情的具有鼓励性的赞美;对于内向型的学生,教师投以赞许的目光,或送一个友好的微笑。“梅花香自苦寒来”。诗人把梅花的清香归因于梅花经受了一番苦寒。同样的,学生取得成绩,我们要把成绩归因于其自身内部因素,这样可以使他们体验到成功感,从而进一步增强其学习的积极性和自信心。

对后进生多采用直言赞美,优生多采用含蓄赞美,性格多疑的学生多采用间接赞美,看重“面子”的学生多采用“美名”赞美,有某种特殊潜质的学生多采用目标赞美,信心不足的学生多采用归因赞美……总之,不要让学生觉得你是在刻意地赞美。如果我们分析一下那些优秀学生的成长过程,我们不难看到,他们无不是在学校得到老师的充分肯定,在家里被父母赞赏。

每个学生都需要赏识,就像植物需要阳光、小草需要雨露。想说“赞”你其实也很简单,让我们一起真诚地爱、发自内心地赞美。相信总有一天,学生们会像宝石一样发出耀眼、璀璨的光芒!

(杭　丽)

2-4 赞美,“奇迹”蕴含其中

夸美纽斯曾说:“应该用一切可能的方式把孩子们的求知与求学欲望激发起来。”学习最大的快乐在于经过艰苦努力而获得成功,而成功的学习受到教师的表扬,能再推动学生进一步提高学习兴趣。几句真心的赞美也许能创造一个奇迹,令人鼓起学习生活的风帆;与此同时,几句不当的批评也许会葬送一个人的前程,令人自暴自弃。

赞美和鼓励对于学生幼小的心灵来说是如此重要,对于英语学习来说,赞美更是能让学生感受到语言学习的乐趣，体会到一种自信带来的动力。我们应该如何赞美学生？

一、语言赞美，使学生有成就感

中国古代教育家孔子说过："知之者，不如好之者，好之者，不如乐之者。"要学生达到"乐学"，必然要使他们有成功感。"求成功"是人类共有的天性。即使是一点一滴的进步，也使学生感到愉快，让学生愿意继续学习。学生学业取得进步时，教师对学生的成绩给予正确的评价，及时给予表扬、鼓励，会使他们感受到成功的光荣，产生积极学习的动力。

在教学过程中，及时的评价适当的鼓励是提高学习兴趣的良方。在课堂上根据学生的表现可以依次运用程度不一的话语：Ok/Good/Great/Wonderful/Perfect！等。学生听到这些肯定和赞扬的声音，他们的大脑皮层就会处于兴奋、活跃的状态，学习兴趣也就会有效地激发出来。与此同时，还可以根据学生回答问题的具体内容，有针对性地指出好在哪里，使学生知道自己的长处，增强信心，从而激发其学习动力，保持他们学习的兴趣，充分感受学习的快乐。如果教师注重对孩子的评价，给他一个鼓励的眼神，一个期盼的微笑，则会激励孩子们去说。即使他说错了，你也应该以同样的等待，同样的眼神，同样的微笑去激励他。教师的这种允许学生犯错误的心态以及无声的评价不仅激励了他们学英语的兴趣，更保护了他们的自尊心以及学好课程的自信心。在课堂教学中，赞美性的话语对于小学生来说很重要，让他们在学习过程中获得一定的成就感，培养孩子对英语的兴趣，这样他们才有信心继续学下去。

二、非语言赞美，给予学生自信

成功，是圆满地达成目标，并获得肯定性评价。因此，在教学中，要注意根据学生兴趣特长业余爱好,寻找学习的突破口,提供其自我表现的机会,激发学习动机。这一次次的机会,其实是给予学生一种非语言上的赞美,一种行为上的鼓励。

在我的英语课堂上,有的同学口语好,就让他领读;有的同学擅长表演,就让他做会话演练;有的同学发音准确,就让他领学单词。这些方法,虽不是语言上的夸耀,但是却可以使学生不断积累成功经验,反复体验成功的喜悦来增强学生的自信心,使之形成积极进取的心理状态,从不同角度暗示他们获得比较满意的学习结果。再加上心情舒畅的学习环境,学生乐学英语,在学中得到满足,促进了他们学习兴趣的发展。

在此之外还可以通过一定的物质奖励,如设计的“新星评选”制度就倍受学生的喜爱,既是学生展示风采的舞台,也是学生获得持续不断的积极评价的机会。每次学生得到小星星时,喜悦之情总是溢于言表,他们精心地收藏着每一颗“星星”,感觉自身的价值在每一颗小星星上得到不断地体现。这些有层次的“每日之星”、“每月新星”、“英语之星”都是对学生持续、累积的肯定评价,它记载了学生前进的步伐。同时我也相信这一颗颗星星一定会点燃孩子们的心灵,也使他们像星星一样闪亮……

学生对学习的自信心主要还是来自外部的评价,学生自信心的提高是一个持续的过程,所以不能指望通过一两次积极评价就能帮助学生建立起良好的自信心。要通过一系列有层次的积极评价才能有效提升学生的学习自信心。

学习需要兴趣,也需要正能量,作为教师我们应时刻注意,学会赞美那些单纯成长的学生,以激发他们的学习兴趣和自信心。只有充满正能量的学习才有持久的动力。

(叶季红)

2-5 赞美是一副灵丹妙药

每个学生的内心深处都渴望成为一名好孩子，学生都需要老师去赞美他。但是每个孩子都有各自的长处，老师的赞美不能泛泛而谈，“你真棒，你真不错”……孩子是聪明的，空洞的表扬只会使他们丧失兴趣。因此，在课堂教学中应注意根据不同的学生来表达自己的赞美之辞。

一、赞美，让孩子们听得更认真

低年级的孩子注意力集中时间短。一年级的孩子第一次踏进教室时，他们都睁着渴望求知的大眼睛，当老师要求他们坐端正时，他们都挺直了小腰板，老师说的每一句话他们都听得那么认真，生怕听漏了一个字。然而不久后，甚至是半节课后，他们的差异就展现了出来。有的孩子比较好动，注意力集中时间短，过一二十分钟后，他们已经坐不住了；有的孩子控制力较好，虽然小孩子天生注意力时间短，但是他仍然能控制自己，继续认真坐在课堂上。因此，要让学生在有限的时间里认真听，非常重要。如果掌握了孩子的心理，用一些赞美的语言时时刻刻表扬他们鼓励他们认真听，课堂效果会更好。

平时上课时，当大家听得专心时，可以赞美他们：“谢谢大家听得这么专心。”“大家对这些内容这么感兴趣，真让我高兴。”“你们专注的表情使我很快乐。”“从听课的情况反映出，我们是一个素质良好的班集体。”当讲到重要环节，需要学生注意力集中时，可以说：“会听也是会学习的表现，希望大家认真听清楚我下面这段话。”当孩子们没有认真时，可以提醒他们：“你们的眼神告诉我，你们还没有听明白，想不想听我再讲一遍？”

领悟能力很强的小精灵们马上就知道老师在暗暗地责备他，立刻就再次打起精神认真听讲了。

二、赞美，让孩子们说得更清晰

要让孩子们在一堂课上大胆地说并不容易，因为他们怕说错，怕被笑话。这时老师的赞美之辞起着贯穿推进的作用。

当孩子说得好时，可以赞美他"谢谢你，你说得很准确，很清楚。""你很有创意，这很可贵，请你再响亮地说一遍。""对！说得好，我很高兴你有这样的认识，很高兴你能说得这么好！"这样的鼓励之下，孩子会越来越棒，越来越自信，越来越有欲望表达自己的想法，课堂上说得越来越清晰，对学习也会越来越有兴趣。

说得欠佳时，可以安慰孩子："虽然你说得不完全正确，但我还是要感谢你的勇气。"有的孩子很紧张，站起来什么都忘记了，可以对他说："老师知道你心里已经明白，但是嘴上说不出，我把你的意思转述出来，再请其他同学帮你说，好吗？"

三、赞美，让孩子们读得更准确

在一堂语文课中读课文是必不可少而且很重要的环节。老师对于学生读课文的评价在课堂上显得尤其重要，好的评价能引导学生继续有兴趣地学习。

在学生自由读文后，可以赞美他们："在大家自己读书的这段时间，教室里只听见了琅琅的读书声，大家专注的神情让我明白了你们是多么渴望学到知识。"在学生整齐而洪亮地齐读课文后，应该赞美他们："古人说，读书时应做到'眼到'、'口到'、'心到'，我看你们今天达到了这个要求。"抽学生个别朗读的时候很多，当学生读得好时，评价："读得很好，听得出你是将自己的理解读出来了，特别是这一句，请你再读一遍。""听你读书真是一种享受，你不但读出了声，而且读出了情。"如果孩子表现欠佳，鼓励他："你今天很勇敢，敢于在同学面前展示自己，如果你的声音再大点，我们会更佩服你的。”“你的声音真好听，要是读得更准确，我们会更喜欢你读课文的。”在这样的赞美语言鼓励之下，同学们读得更加准确了，更加响亮了，更加有感情了！

四、赞美，让孩子们写得更积极

低年级的孩子虽然暂时不用写长篇的作文，但是短短的写话已经让一些孩子不太适应，让老师和家长头疼，这时，老师的赞美犹如一剂良药，能使他们对写作增加兴趣。

要让孩子养成积极写作的习惯，赞美他们“同学们养成了良好的写作习惯，作业本很干净，书写也很工整，我很高兴！”写得好的同学，鼓励他“请同学们看老师今天要表扬这么多同学，让我来介绍他们的名字，这些同学书写工整，格式正确，文句通顺，进步很大”，“这位同学写下了自己的所见、所闻、所感，老师很喜欢，念给你们听听。”还需要改进的孩子可以告诉他“用自己的笔写自己的心里话，这一点很重要，你做得很好，你的作文虽然有欠缺，但是给人一种很真实的感受。”在这样的赞美表扬下，同学们对写作有了兴趣，逐渐越来越有信心，也写得越来越积极。

孩子需要赞美，就像鸟儿需要太阳，植物需要空气。赞美，是一副灵丹妙药，是一把开启心灵之锁的金钥匙。在赞美之下，孩子们会变得更加自信。“笑总比哭好”，不是吗？继续赞美孩子们吧，让赞美的语言洋溢于语文课堂。

（张林玲）

2-6 赞美，学习的催化剂

美国著名心理学家威廉姆斯曾说过："人类本性最深处的企图之一是期望被赞美、钦佩和尊重。"希望得到尊重和赞美，是人们内心深处的一种愿望。因此可以说，"好孩子是夸出来的，好学生是表扬出来的"。在教学中，我们一次精心设计的课堂教学导入，一次赞美的言语，一个鼓励的眼神，一件精美的小礼物等，都可以引起儿童对学习的热情关注和学习兴趣。因此，在平时的教学中，我们要试着用表扬、鼓励的方法，调动儿童的学习积极性，用欣赏的眼光去审视每一位儿童的学习表现，注重培养他们的学习兴趣与参与意识，力求使不同层次的学生都能获得学习上的满足与发展。但教师的表扬也需讲究策略，否则非但达不到理想的效果，而且还可能给儿童带来不少的伤害。

一、用"具体的赞美"传播正能量

老师是学生最崇敬的人。因此，老师的一个眼神，一个微笑，一句评语，都会给他们产生深刻的影响。课堂上我们应该毫不吝啬地把这些奖励送给学生。

我班有位叫小浩的小男孩，他在课堂上回答问题时总是非常紧张，甚至有时会口吃，于是我常常这样鼓励他："老师知道你心中有自己的想法，不要紧，你慢慢说，大家会等你的。"接着，他慢条斯理地回答我的问题，并敢于说出了自己独到的见解。我当众表扬他，并说道："小浩同学刚刚克服了自己心理上的紧张，回答问题也非常有自己的见解，我们为他欢呼，好吗？"话音刚落，我看到小浩脸上洋溢着从未有过的灿烂笑容。之后，在英语课上，我们总能看到小浩高举的小手，以及他那慢条斯理的回答声。

教师的赞美并非空洞的口号，而是具体的话语，无声的手势……这些具体化的赞美能给儿童传播正能量。

二、用“个性的赞美”增强自信心

每个人都具有自己独特的个性，因此，我们需根据儿童的个性采用不同的方法激励他们。对于性格内向、个性懦弱的孩子，我们应多肯定他们的付出与努力，帮助他们增强学习自信心。反之，对骄傲自满、虚荣心强的孩子，我们则需有节制地运用表扬，否则将会助长他们的不良性格，影响他们的进步。

在平时教学中，我们经常会碰到有些孩子回答问题时声音比较低沉，动作有点唯唯诺诺。作为老师，我们可以这样鼓励他们：“你刚刚的发言很有新意，能不能再说一遍，让老师和同学再回味一下。”“你很聪明，只是还没来得及把语言组织好，过两分钟老师再请你回答，让大家都听听你的独到见解。”这样的鼓励，可以给儿童树立信心和鼓舞。久而久之，儿童在不知不觉中变得勇敢起来。

然而，我们也经常看到有些孩子骄傲自满，心中有答案立马脱口而出，且还常常嘲笑其他同学的发言。对于这样的孩子，我们除了需引导他们能准确回答问题，还需使他们遵守课堂纪律。我们可以试着说，“你刚刚的发言很到位，但你若能先举手后发言，同时能虚心接受他人的观点，我相信老师和所有同学会更喜欢你的。”

三、用“多样的赞美”提升成就感

我们一说到奖励，可能很多孩子会想到的是星星、小奖品、奖状等物质奖励。这些物质奖励对低年级孩子更加有效。然而到中高年级，孩子们越来越不满足于物质奖励。因此，我们要针对不同年龄段的孩子，采用不同的行之有效的奖励方式。

当孩子们做完一些高难度作业时，我会给他们适当的时间放松，在不给别人制造麻烦的前提下,允许他们做自己喜欢的事情,从而帮助他们调节紧张的情绪,做到劳逸结合。当孩子们的书面作业非常漂亮美观时,我会将他们的作品张贴在教室宣传栏中,展示他们的作品,使孩子们心中富有成就感。

有时间放松、作品展示……这些都打破了传统的物质表扬方式,更注重小孩学习的心理满足,效果更佳。

四、用“合身的赞美”获得愉悦感

对于低年级孩子来说,公开表扬效果可能比私底下表扬效果更好。而对于高年级的孩子来说,教师在全班面前表扬自己,自己心中当然心花怒放,但同时也可能会招惹同学的嫉妒,从而产生意想不到的反效果。

有一次,我看到平日总爱贪玩的小刘同学,在课堂上非常地自觉,思路紧跟着老师走,积极回答老师的每个问题。于是我忍不住在全班面前表扬他今天的表现。课后,我发现,小刘似乎并不高兴,因为其他同学在议论他,认为他只是今天偶尔表现好而已。因此,对于那些努力改进自己行为的孩子,我们不仅需当众表扬,而且还可以在他的身旁低声地称赞他,“你今天的表现好极了。希望你能继续保持下去!”这种窃窃私语的表扬可能会比在全班面前表扬更令小刘感到更愉快,因为这样做会避免他陷入被同学议论、讥讽的尴尬境地。

一位诗人曾说过:赏识是生命中的阳光,是生命价值飞越的催化剂。那么就让我们给孩子一个信任的微笑、一个肯定的颔首、一次疼爱的抚摸、一声亲切的鼓励吧!让教育在“赏识”中扬帆远航。当然,我们并不提倡泛滥表扬,因为表扬也是一门艺术,它要求适量、适度、适时和适宜,并能善于挖掘、发挥。只有这样,我们在课堂教学中,才会用丰富多彩的语言随时随地、恰如其分、形式多样地表扬孩子,使教学达到最佳效果。

(曾慧芳)

2-7 赞美是一股澎湃的动力

我是一位刚踏上教育岗位的青年教师，主要担任自然学科的教学，因此日常对各个执教班级的观察角度和班主任与主学科老师不同，可以看到一个班级更真实的一面。我发现，与恶语相向相比，赞美更易让人接受。对学生来说，赞美无疑是一股澎湃的动力。有时，在预备铃响起后，部分学生还在吵闹，在使班级安静下来的过程中，表扬那些遵守纪律的学生比依次批评每一个捣乱的学生，效果显著。

基于此，我认为教师要时刻发现学生的闪光点，善于表扬，用表扬来激励学生谈自己的观点和想法。小学生由于自身不成熟的心理特点，喜胜厌败，在规范纪律方面如此，在提高、超越自己方面也如此。而赞美可以让学生更优秀，帮助学生认识到自己的不足和与其他同学的差距，有针对性地进行调整；赞美也会帮助学生认识到自己的闪光点，保持和超越自己，让自己更优秀。在此过程中，及时、具体且有针对性的赞美效果更明显。

一、赞美，宜及时

表扬要及时。如果限于课堂时间和举手回答问题学生的数量，而在所有学生回答完毕后或者下课前再表扬，那么这时的表扬即便针对性明确而具体，对学生的动力作用也会减弱。

有一次，我上课时，一位很羞涩内向、平时从来不会主动回答问题和上台展示的同学，探索式地举起手来回答问题。令人惊讶的是他的答题思路严密，语言组织逻辑性强，表现非常出色。我却因为追求教学环节的流畅，在他回答完问题之后一句简单的

“回答得很棒”就让他坐下了。现在想来当时我分明能看到划过学生脸上的失望。

我当时应该着重表扬他的勇敢和思维的严谨,表扬他的回答是深思熟虑后谨慎的表现。但是由于当时并不了解这位学生和表扬反馈的不到位,在之后的数周,这个孩子一直没有再举手回答问题,这时我才意识到他的内向和自己严重的失误。在我的下节课上,我多次暗示鼓励他“小金在上次的难题上思路清晰,回答切中要点,不知道现在是否有进一步的问题补充?”他慢慢地抬起头,犹豫地举起手。我请他回答问题,他的声音微小但是回答依旧完美。这次的我吸取了上次的教训对他进行了表扬:“这节课小金同学表现很勇敢,大胆回答问题,为我们提供了看待问题的另一个视角,希望他以后能继续大胆地站起来,勇敢地发言与提问。”其他学生听后都慢慢有所得地点了点头。

这位同学的羞涩和内向是全班同学有目共睹的,这次表扬也是有实效的。在最近的课堂上我能经常看到他抬起头认真听讲,积极回答问题。及时的赞美会成为教师帮助学生树立自信,完善和超越自己的有效方法。

二、赞美,宜灵活

课上,在我和班级同学进行互动的时候,孙同学会一直举手,而且会不停地起身半离开座位抢答。在多次重申纪律之后,因为不想打消孩子的积极性,我在课堂中总是多为他创造回答的机会,可惜他总不能切中主题,或者词不达意。对于这样的回答,起初我的评价是“非常感谢,但是回答的并不恰当,哪位同学能够再来进一步补充?”没想到,我这样的评价几乎引发了班级大战。孙同学不满意地坐下,开始强行把自己的观点灌输给旁边的同学,其他同学也不甘示弱。一来二往,他们的声音影响到了所有同学,正常的课堂教学秩序被迫中断,即使等我处理好,获得的也只是短暂的和平。

孙同学在努力表现自己,试图树立自己在同学眼中的权威形象,老师的赞许和表扬无疑是鼓励,让他感到自信和自我认可。而我的不表扬会让他受挫,感觉到“来自同学的嘲笑”，稍一冲动就会引发学生之间的冲突。于是，在他以后回答问题的时候我不是就答案本身进行表扬，而是就他的思维过程进行深挖和表扬，当回答跑题、词不达意时直接点明跑题，但是特别赞美他的勇气，并尽力帮他树立自信。“你的想法另辟蹊径，为大家提供了不一样的思维视角！”“你的回答综合考虑了很多方面的因素，有没有其他同学进行补充?”这样的评价可以让孙同学心平气和地坐下。

一学期来，他在赞美中不断进步，和同学的冲突越来越少，对自然课的兴趣也明显增加。

三、赞美，宜具体

教师对学生的赞美和表扬要具体，详细。如果一句具体的话能让学生知道自己的闪光点在哪里，这句话起的作用会比长篇累牍的评语或者课下无休止的训导更有效。

英语课中“You are great”，“Great work”的评语较之“Great，you answer the question quickly and fluently”，“You are great，your voice is so loud and clear”我认为后者的表扬远比前者更让人喜悦，也让学生更清楚自己哪里值得表扬，相信对于激励学生上进而言，后者会有效。

恰当的赞美是对学生优秀的鼓励，鼓励学生在优秀的路上努力前行。赞美别人是一种品德和境界，被别人赞美是一种幸福和快乐。教师要让学生感受到幸福和快乐，使赞美成为学生优秀的动力，让学生在优秀的道路上昂头挺胸，勇往直前。

（王　敏）

自能："磁性课堂"的旨趣

教，是为了不教。自能课堂，它打通了文本与生活、课内与课外、知识与能力的壁垒，使孩子得法于课内，得益于课外，获得可持续发展的动力，习得一生幸福奠基的能力，实现情智双修，德才兼备。自能课堂，它就像一轮太阳，照亮的是孩子的整个世界；它就像一块强大的磁场，凝聚着师生整个的生命活力；它就像一棵香樟树，其清香芬芳于课堂，滋润于孩子们的心田，让学校焕发着无穷的青春活动。

叶圣陶提出的“教是为了达到不需要教”，就是要教儿童自己学习的本领，让他们自己能自主地去学习、会学习。其中“教”是手段，“达到”是过程，“不需要教”是目的。怎样才能达到这个目的，关键在于使儿童的学习由被动地学变为主动地学。其中态度的转变，自能起着关键的作用。为了打造自能课堂，教师应该从规范走向高效，从高效走向灵动，打通文本与生活、课内与课外、知识与能力的壁垒，使孩子得法于课内，得益于课外，获得可持续发展的动力，习得一生幸福奠基的能力，实现情智双修，德才兼备。自能学习，它就像一轮太阳，照亮的是孩子的整个世界；它就像一块强大的磁场，凝聚着师生整个的生命活力；它就像一棵香樟树，其清香芬芳于课堂，滋润于孩子们的心田，让学校焕发出无穷的青春活力。

我校的“磁性课堂”，以极大的吸引力与感染力来吸引学生，其具体表现为“磁性课堂”的情感性、趣味性和创生性，并以此来改善教师教学行为和学生学习行为，向课堂教学要效率，要质量，努力追求“全面发展、减负增效、发挥个性、培养能力”的目标。因此，我们认为“磁性课堂”应具有以下几个特征：情感性——用热情点燃生命；趣味性——以童趣激发动机；创生性——在生成中培养思维。

基于“磁性课堂”的情感性、趣味性和创生性三个典型特征，自能成了“磁性课堂”的重要核心要素，即“磁性课堂”的旨趣。所谓磁性自能课堂是指学生在课堂中，通过教师有目的、有组织地激发和引领，经过自觉、自辩、自探、自悟、自得等方式，从而自主地、能动地、创造性地实现自我身心连续不断地积极变化，学会学习，实现自身全面发展。

作为教师，我们应该在课堂上努力培养学生主动获取知识的能力。具体可以通过“三允许”、“四不讲”、“四转变”、“六让”等方式让学生尽情表现自己的能力。

“三允许”，即允许学生出错，允许学生保留不同看法，允许学生向教师质疑、提意见。

“四不讲”，即学生能说的不讲，学生能研究出来的不讲，学生能自己操作的不讲，学生能自己得出的结论不讲。

"四转变",即由教师讲明白向学生学明白转变,由教师提问为主向学生提问为主转变,由强制性课堂管理向自主开放式管理转变,由教师演示实验向学生参与实验转变。

"六让",即书本让学生看,思路让学生讲,问题让学生提,规律让学生找,结论让学生想,实验让学生做。

那么,我们究竟如何才能在课堂上达到"教是为了达到不需要教"的目的呢?具体通过以下途径可获得:

第一,课堂设计要满足学生的原始动机和情感需求。我们教师要在教学中时常思考学生在想些什么以及需要什么?只有这样才能使学生的个性得以充分地展示和发展。据资料显示,学生都有被尊重的要求,都有权利的要求,都希望自己有良好的自信心,承担一定的责任和义务。但是,不同个性的学生需求有差异,要我们老师去观察发现和了解。例如,好胜心强的学生喜欢竞争,而自尊心强的学生喜欢竞争最小的课堂。而学生的需求中有很多需求并不是学业性的,而是关于学生在课堂中的身份、态度、情感以及自我调控感方面的。据专家调查,学生都有以下五个方面的需求:情绪安全感;趣味性;自信心;归属感;权利和自由。我们在课堂上要唤醒学生这些最原始的动机和情感需求,因为自能课堂教学的成功与否就取决于满足学生需要的程度。

第二,教学环节要渗透学生的自能意识。我校"磁性课堂"特别强调要把课堂学习的主动权交给学生,让学生主动参与学习的整个过程,让他们在课堂教学诸多环节中,实现"主体地位"的回归,成为学习的主人。"授人以鱼,不如授人以渔",知识是无止境的,关键是要教给学生学习的方法。在课堂教学中,教师适当引导,权力下放,在每个环节渗透学生自学的思想,倡导学习不仅仅在于获取知识,它更是一种学生学会学习和生活的过程。我们应当寻求一种既学到知识,又使孩子快乐成长的途径,还快乐于课堂,激发学生对未知世界浓厚的兴趣,为学生提供尽可能多的自主学习的时间和自由选择的空间。

第三,创设浓厚的自能学习氛围和环境。课堂是思维碰撞的集中营,是展示学生个性才华的主阵地。因此，为学生创造一种自主课堂的氛围，有利于学生积极地、安全地、自主地进入学习状态。教师要创建一个积极向上、自主发展、高效运行的自能课堂气氛。师生之间以及生生之间共同努力，相互探讨、实践，找到师生共同发展的平衡点。自能课堂上教师的体态、肢体、表情、语言等各种要素都能激发学生的动机，教师语言的艺术性、准确性、幽默感等对学生的反思力、自控力、反馈调整等起重要作用。

有人把课堂教学比作哄小孩子吃饭，任凭父母把饭菜夸耀得多么香、多么甜、多么有营养，如果孩子不把饭菜吃下去，这孩子还是胖不起来的。这个比喻既形象生动又通俗易懂地告诉我们，课堂教学的本质就是学生的自能活动，课堂教学要以学生的自主学习为中心。我们应把学习的自主权还给学生，让学生做学习的主人，充分发挥主动参与能力，养成良好的学习习惯。我们不仅应让儿童学会知识，更应教他们会学各种技能和本领，在课堂教学中重在学法指导，重在能力体系的建立，从而使儿童达到自能学习的目的。否则，不管老师把知识讲解得如何系统，如何详细，且再三强调知识是何等重要，如果不让学生自己去思考、讨论、交流和训练，那么其结果只能是“少、慢、差、费”。

（曾慧芳）

3－1 点燃“情”“知”之火

美国著名心理学家布鲁纳说：“学习者不应是信息的被动接受者，而应该是知识获取过程中的主动参与者。”磁性课堂教学是一个双边过程，是一种宽松和谐、兴趣盎然的学习氛围，这样学生能积极、主动地参与到教与学活动中，从而调动学生的“情”与“知”，使学生真正成为课堂学习的主人。

一、创设情景，激发兴趣，使学生愿学

情境的创设关键在于情，以情激境，以最好的境、最浓的情导入新课，形成问题。美国著名心理学家布鲁纳说："学习的最好刺激，乃是对所学材料的兴趣，要使学生上好课，就得千方百计点燃学生心灵上的兴趣之火。"怎样做才能激起学生的学习兴趣呢？

首先教师要精心准备每一堂课，设计丰富多彩的课堂活动使学生对学习产生浓厚的兴趣。这样才能激起学生学习的积极性，从而使学生达到想学、乐学的目的。其次教师上课时要精神饱满，面带微笑，给学生营造一个宽松、和谐的学习氛围，从而达到磁性课堂的要求。磁性课堂中问题可由教师在情境中提出，也可以由学生提出。但是，提出的问题要击中思维的燃点，引发学生迅速思考，提高学习效率。这样，学生能主动地探索新知识，学习的积极性自然就高了。

二、引而不发，学会质疑，使学生乐学

心理学家布鲁纳说："学习者不应是信息的被动接受者，而应该是知识获取过程中的主动参与者，在学习的过程中学会质疑的方法，课堂中学会主动提出问题，积极参与。"学习原本就是学习者在不断生疑和不断解疑中从未知走向已知的一个逐步成熟的过程，有疑问才有学习的动力。

案例1：《镇定的女主人》教学片断

（一）揭示课题，生疑提问

1. 师：同学们，今天我们来学习一篇新的课文，谁来读课题？

师：课前我们作了预习，请拿出预习单，读了课文，你有哪些疑问？谁来说一说？

学生交流

2. 师：老师把你们的问题归纳了一下，有字词方面，有课文内容方面。我们先来解决同学们不理解的词语。现在请你们用喜欢的方法想办法自己来理解这几个词语。（可以查字典，通过上下文，找近义词，同桌之间也可以讨论）开始！

3. 镇定：查字典；找反义词　　迷惑不解：找近义词；通过上下文理解

煞：查字典　　吩咐：找近义词，是表示说的，再说几个这样的词语。

在本堂课中，教师有意识地指导学生形成和应用“生疑提问”的学习模式。一个学生有了强烈的求知欲望，才会不断产生新的问题，有了孜孜不倦的追求，才会有敢于提问的行为。比较好的课堂应该拥有充分的课前准备，准备包括课文预习和对文本的疑问以及阅读积累，这样，才能与作者的情感共鸣。在预习中先从整体入手，鼓励学生提出问题，让学生为下面的细读课文和品读语句打下基础。

新课程呼唤自主、自由、自学的课堂，这样的磁性课堂才是有生命的，才是属于学生的，才是理想的课堂。尤其是语文教学，要培养学生学会质疑的学习能力，让学生人人参与、主动探究，有意识地培养他们主动获取知识的各种能力，以达到“自主研究，不待老师讲”的最终目的。

三、分层指导，灵活训练，使学生活学

在学生获取一定感性认识的基础上，教师还应该引导学生自己进行思维加工，才能将认识由具体、简单上升为抽象、复杂。教师应对处于不同层次的学生进行指导：对中等生，指导他们巩固所学新知识以后，尝试思考与解决稍深的学习问题；对于学困生，则指导他们进一步理解与巩固所学新知识中最基本的部分；对于优等生，应指导他们在掌握新知的基础上，解决综合性更强、条件更复杂、难度更大的学习问题，提高他们的自我发展能力。

案例2:《迷人的秋色》教学片断

(一) 揭示课题,学习第一节

1. 出示春天、秋天图片,分别是什么季节?

★ 看着图片说出是什么季节。

★★ 填上适当的词语:(　　)的春天　　　　(　　　)的秋天

学生回答后,出示:花木灿烂　瓜果遍地

★★★ 训练口语表达:春天和秋天这两个季节都是那么美好,如果比较一下,你更喜欢哪一个? 为什么?

在老师的指导下,学生分层各自练习,每一个学生都获得不同层次上的平衡,没有一个孩子掉队,培养了学生的创造力,使他们产生了强烈的愉悦感,这样就进入一个新的良性心理循环过程。老师根据问题的难易度适用班级不同层次的学生实际水平与学习要求标准,设计行之有效的练习,做到巧练,使不同水平的学生对知识进行不同层次的概括,增强学习信心,提高学生素质。

总之,课堂是学生成长的摇篮,它占据了学生大部分的生活空间,只有真正实现了高效的磁性课堂教学,才会使学生受益,实现师生双赢,使学生愿学、乐学、善学、活学,自主地学、创造性地学,为他们今后能成为创新性人才奠定基础。

(张林玲)

3-2　自主,成长的“加油站”

作为新时代的教师,我们要培养能用自己的眼睛去观察,能用自己的头脑去思考,能用自己的语言去表达的自主型英语学习者。世界上没有一本书能穷尽所有的知识，也没有哪一位老师能教完所有的知识，学生学习和学会的过程，最终要靠他们自己去完成。就外语教学来讲，“教是为了不教”、“外语是学生学会的，而不是教师教出来的”。学生只要具备较强的自主学习能力，课堂效率的提高自然水到渠成，学生苦学英语的状况转变为我要学英语，师生定会同乐于英语天地。

一、兴趣是原动力

兴趣是学生自主学习的原动力，是学生积极认识事物，积极参与学习活动的一种心理倾向。“知之者不如好知者，好知者不如乐知者。”可见，兴趣是最好的老师。在我们的英语教学中，也是一样的。只有当学生以极大的热情投入到学习中，才能碰撞出热情的学习火花，使课堂、学习变得生动、愉快。教师需要营造和谐愉快的氛围，让学生敢于自主学习。学生在一个宽松的环境中学习，他们有不怕失败的心理，有自由发挥、充分交流的机会，有无拘无束的思维空间。因此，教师在教学中提倡“童言无忌”，提倡学生“思维无禁区”，让学生畅所欲言，精神上处于一种自由、放松的状态。

在课堂上，教师可以让学生主动提出问题，讨论，发言交流，发表自己独特的看法和观念。例如，我们在学习 tiger and fox 时，学生就提出这样的一个问题：Who is the king of the forest, tiger or lion? 当时我是这样做的。我回答他们说：“Both of them are the king. But I don't know why. Who has any good idea? 这时就有一个学生很自豪的举手，大声地告诉全班学生和教师，因为老虎跟狮子并不是住在同一个地方。我马上表扬了那个学生的博学多才，也鼓励学生继续发扬这种爱思考，提问题，自主学习的好习惯。全班学生都乐了，因此也能深刻地体会到英语学习的乐趣。从此以后，思维就更加活跃，学习就更加积极主动了。

二、活动是发动机

各种教学活动是课堂新授、教授过程的有效手段，是培养学生思维习惯、自主学习能力的最佳时机。为了提高学生的自学能力，教师可以根据教学内容，创设不同的情景，通过对话，问答，采访，表演，故事等形式，实施情景教学，使学生能在一种模拟情景中，学习英语，用英语，真正地实现了“用中学，玩中学”的自由课堂教学气氛。同时，开展教唱英语歌曲，玩游戏，进行各种技能竞赛等多种形式的教学活动，使学生乐于参与、乐于学习，兴趣浓厚，连课外活动时也会模仿起上课的情景，完善课堂的知识及游戏，故事，歌曲等。记得我曾经讲过这样的一节课：“My Daily Life”我是这样教的：It is 6:30，I get up in the morning，I brush my teeth，wash my face，comb my hair，put on my clothes and go to school. 我通过游戏，歌曲，动作等方法，学生很快就掌握了重点的内容。这时，我问了他们一个问题：What do you do when you get up? 并让他们4人小组讨论，一起学习，运用刚学的内容。后来，到了学生展示环节，一个学生不仅掌握了刚学的内容，还把以前学过的知识也融会进来，学生在这样自主的学习氛围下，快乐地学习，主动地学习。

三、展示是收割机

学生的自主学习活动需要一定的时间。根据教材实际和学生实际，我精心设计教学过程，改进课堂教学时间结构：在3至4分钟的 Daily Talk 之后，通过创设情境，渗透学法指导，利用知识迁移，帮助学生在尽可能短的时间内学习新知，从而保证学生有10分钟以上的时间通过各种自主学习活动消化新知，掌握新知，“创造”新知。学生的自主学习活动也需要一定的空间。根据因材施教原则，实行 ABC 自学互教实践模式。将学生按程度分为 A、B、C 三等，分派到四人组，每组一个 A，两个 B，一个 C，A 为组长，负责带领全组做好预习、复习工作，课上领读，纠错，编排对话等。B在学会后也可帮助C。每堂课评出一组为“The Best Group”，而且，A、B、C等级不是一成不变的，进步者可升级，退步则降级。这种实践模式激发了学生的积极性和主动性，学生的自主学习能力也在活动中得到了提高。有时，也可让学生自由结合，上台表演。

苏霍姆林斯基认为，学生成功体验来源于两个因素：一是自己获得知识、技能的价值感的满足，这是内在因素；二是别人的表扬、奖励所带来的荣誉感的满足，这是外在因素。教学中一个鼓励的眼神，一句表扬的话，一本奖励的英语本，都会无形中为学生的自主学习呐喊助威。学生能在课堂中读准一个英语单词，掌握一个英语短语，运用一个英语句子，理解一篇英语短文，书写一篇连贯的作文，进行一个简短表演，都可感悟到成功带来的乐趣，体验到自主学习的愉悦。自主学习过程中的一个个成功点便会变成他们成长路上的一个个加油站。

（张业晶）

3-3 让学生自己去发现真理

长期以来，传统的体育教学模式，多以技术教学为中心，教学偏重于教师一方，教学效果偏重于“学会某项技术”，而忽略“会学”方法的指导。在教学中多为教师先示范，再讲解动作要领，学生按照教师要求的步骤去练习，然后教师再去纠正学生的错误动作。这种传统教学模式的教学要求相对统一，使得教师主宰了整个课堂，学生在教师严密的组织下，缺乏思考问题的空间及探索的余地，主动参与意识不强，自主学练的能力得不到好的培养。

曾有人说过：“不好的教师是传授真理，好的教师是叫学生去发现真理。”因此，要改变这种现状，教师在体育课教学中应该加强学生自练机会，从而提升学生学习的主体地位。

一、趣味活动　乐意练

学习的最好刺激，乃是对学习材料的兴趣。兴趣是人对客观事物的一种积极认识倾向，是一种复杂的个性品质，它推动人去探求新的知识，发展新的能力。知识从生活中来，教师应该把问题贴近生活实际，使学生感到学习是生活所必需，是他们内心需要，产生"我要学"的强烈求知欲。因此，选择的学习内容要贴近学生的生活，在教学中尽量多安排实用、趣味性强的健身体育、娱乐体育、生活体育的内容，使学生在体验体育乐趣的过程中自主学习。指导学生学习的方法力求新颖、活泼、有趣，使学生所有感官都能充分发挥作用，从而激发学生自主参与体育学习的热情。如趣味游戏、比赛竞争等，使学生全情投入课堂中，激发学生自主学习兴趣。

二、榜样作用　示范练

教师的"教"是为了学生的"学"，教师要变"传授"为"点拨"，具体表现在某一技术教学时，不仅教会学生掌握某一运动技能，更重要的是教会学生学习该动作的技术或进行某一项目锻炼的方法。如在小学 50×8 接力跑这一教学内容中，我先采用集体教学的方法，先教会学生如何正确地传、接棒，在学生基本掌握该技术后，我便选出 4 名学生作为种子选手，由他们依次来挑选班级其他的同学，组成四组来进行接力跑的练习。几次练习后，由各组选派 4 名代表参加小组比赛。比赛结束后，问："为什么有的组快，有的组慢?"引导学生寻找原因。这时学生会找出"起跑太慢"、"弯道没跑好"、"配合不默契，传、接棒技术不好"等诸多原因。然后组织学生进行讨论，寻找对策。在这个基础上，重新组织比赛。就是在这样的尝试、讨论、思索的过程中，学生自主学习的能力得到了培养。

三、变式活动　学会练

要真正让学生自主地参与探索学习并获得不同的发展，就必须营造一种自由轻松开放的探索氛围，促进学生去探究、去发现、去“再创造”。因此，在课堂教学中，教师要尽量多建立自主学习的平台，让学生去质疑，去探索、去创造。例如让学生主动探索新知识，要鼓励学生敢于尝试、大胆创新。在激励学生自主探索的过程中，教师要充分发扬教学民主，始终以学生组织者的身份出现，为学生提供自我探索、自我创造、自我表现和自我实现的机会。在学习跳短绳的课堂中，让学生自己探索、创造跳绳的方法与类型：如单脚跳绳、跑动跳绳、双人合跳等。这样大大增加了学生的探索空间，给学生提供了良好的平台。

四、活跃思维　想着练

学生的认知结构既包括已掌握的知识，也包括学生在生活中获得的一些经验。在教学过程中，教师要给予学生自主学习的时间和空间，充分激发学生的学习潜能。教师要根据认知内容的需要创设一定的问题情境，充分挖掘学生已有的经验，形成新旧知识的联系，使模糊的认识明朗化，具体的对象概括化，成为学习新知中可利用的认知条件。这不仅利于学生主动投入到对问题的探究之中，同时也使学生的潜能得到发挥。在教学中，可以通过游戏、讨论、探究等多种教学组织形式，创设学生主动参与的教学活动，引导学生积极主动地学习，使学习的过程成为学生在教师引导下主动而富有个性的发展过程。如：在一年级的队列学习过程中，教会了学生“向左转”的动作后，不直接就教学生做“向右转”。而是对学生说：“我们刚刚学习了‘向左转’后，接下来老师想考考你们，你们自己想一想，试一试，与小伙伴一起动动脑，实践实践，试着做一做‘向右转’，并能试着说出是用哪只脚的脚尖、哪只脚的脚跟着地进行转动的，好吗？”学生们一听，自然是兴趣大增，并且积极地进行了实践，很快便找出了正确的动作方法。而学生们在自主实践的过程中，也感受到了成功的喜悦及快乐。

古人云："授人以鱼，不如授之以渔。"教师的教学工作只有重视培养学生自主学习的能力，才能使他们真正成为学习的主人。

（陈　都）

3-4 让智慧之花开在"指尖"上

近些年来，我们提倡学生是学习的主人，并把培养学生的探索、创新能力作为我们教学工作的重要一环。"自主学习"是我们当前正在积极探索的一种教学模式，鼓励学生进行自主学习、协作学习、基于问题的学习或研究性学习。在小学课堂教学中，教师要合理运用各种策略，最大限度地调动学生学习的积极性，鼓励学生对待问题敢想、敢问、敢说、敢做，让智慧之花开在"指尖"上，让孩子们在数学王国里自由地探索，在快乐的寻求中悟出学习的一般规律，形成自主学习的良好习惯。

一、创设情景，激活学生思维力

在课堂教学中，合理创设情境，不仅能够激发学生学习的兴趣，帮助学生理解教材内容，加深印象，而且能够唤醒全体学生的认知系统，拓展学生的思维，使其成为学习的主人。教师不应把学生看作消极被动的受教育者，而应看作自觉积极的参加者，看作学习活动的主体，并善于根据学生的年龄特点、心理特征与水平状况，创设符合与适应学生学习的情境，巧妙设问，增强学生对新知识的感性认识，提高学生对新知识的学习积极性。

例如，教学“认识圆”这课，我一开始打算让学生想象生活中的圆，可这样的开场白似乎太落俗套，也对学生缺乏挑战性，因此后来我换了一个角度去问学生：“生活中有太多圆的东西，例如车轮，那有谁知道车轮为什么要做成圆形吗？”当问题提出时，教室里顿时一片讨论声。让学生大胆发挥想象，这是实施开放性教学活动的重要标志。

二、善于诱导，发挥学生能动性

数学是思维的体操，思维是智力的核心。英国教育家斯宾塞说：“应该引导儿童进行探索，自己推论，给他们讲的应尽量少些，而引导他们发现的应该尽量多些。”数学课堂教学应充分体现“两主”作用，教师应用适当的手段引导学生思路，最大限度地发挥学生的主体性和能动性，深度挖掘学生心理潜能，引导学生形成探索精神。教师应先诱导学生的思维，引导他们自主思考，而不是把知识点直接传授给他们，顺学而导，为后面的教学过程做好准备和铺垫。待学生整个认知系统被激活，并高速运转起来后，学生对新知识点的感受已从最初的兴趣萌芽状态进入了主动探索理解新知识阶段，方便了知识点的讲授。

例如：我在教学面积计算时，通过看一看、想一想启发学生认识到：平面图形的面积计算公式都是以长方形的面积计算公式为基础推导出来的；正方形是长方形的特例；平行四边形是用割补法转化成长方形而推导出面积计算公式的；三角形、梯形是通过拼合成平行四边形而推导出面积计算公式的。指导学生在这些关键的地方思考，把面积计算知识系统化，既沟通了面积之间的内在联系，理清了思路，又渗透平移、转化等数学思想，发展了学生思维，提高了学生的自主能力，培养了学生的探索精神。在整个过程中，老师处于引导，学生处于主学地位，体现了教育教学价值。

三、重视操作，引发学生探究力

数学是和现实生活联系密切的学科之一，数学知识来源于生产生活实际，教师要结合教学内容，经常给学生提供实践的机会，让学生通过动手、动口、动脑促使外部学习活动逐步内化为自身内部智力活动，只有这样，自主学习才有效。

我们在课堂上应该多让学生动手摸一摸、量一量、剪一剪、拼一拼……不仅能满足学生的好奇心，更能促进学生在快乐的动手操作中主动获取知识。如教学“平行四边形的面积”这课时，我要求学生课前准备一个平行四边形纸片，在课上让学生在平行四边形上任意画一条高，然后沿这条高将这个平行四边形剪成两部分，再拼成另一个图形（有梯形、平行四边形、长方形……）。在这些图形中，我们可以求出哪个图形的面积？（长方形）接着，引导学生观察、测量、讨论：1. 剪拼后的长方形与原来的平行四边形的面积有什么关系？2. 平行四边形的底与高和剪拼成的长方形的长与宽有什么关系？3. 你能根据长方形的面积公式推出平行四边形的面积计算公式吗？通过这一系列的操作和思考活动，可以使每一个学生都能在亲身实践中探索出平行四边形的面积计算公式。

再例如，教学《长方体和正方体的认识》时，我要求每个学生拿出长方体纸盒，认真观察长方体的面、棱、顶点，引导学生看一看、摸一摸、量一量、数一数，逐步抽象概括出长方体的特征。再让学生用细木条或铁丝做棱长，用橡皮泥粘成一个长方体框架，从而清楚看到 12 条棱之间的关系，进一步引出长、宽、高的概念。在此基础上可让学生动手用硬纸板做一个长方体和正方体。通过这样三个阶段的操作，让学生逐步把握长方体的内涵，明确各部分之间的联系，有利于内化新知，发展学生的空间观念。正如皮亚杰所说：“智慧的鲜花是开放在手指尖上的。”因此，在教学中，凡是能让学生动手的，尽量取消教师的操作演示，让学生在操作中发展思维。多提供机会让学生剪一剪、摆一摆、画一画，使学生的多种感官参与活动，丰富他们的感性认识，以动促思，动中释疑，促进知识与能力的协同发展。

总之，要使数学课堂活跃起来，就首先要培养学生学习数学的兴趣，再在此基础上，采用多种教学手段，让学生自主地参与到教学活动中来，这样，课堂教学便会成为培养学生素质和创新能力的主阵地，成为提高教学质量的大本营。

（许　靖）

3－5　我的学习我做主

如今，语文教学应该重视学生的主体角色，给予学生足够的表现机会，以培养学生的自主学习能力。语文教学中的价值只有在学生阅读的过程中才能产生，学生才是阅读的主体。课文的意义是学生在教师指导下，以已有的知识和生活经验为基础理解生成的。因此，如何发挥学生在语文阅读学习中的主体作用，使语文学习成为学生个性化行为，是摆在语文教师面前需研究的新课题。

一、自发参与比赛

传统的“满堂灌”的教学方式，导致课堂上许多孩子对知识的获取没有新鲜感，学习的动力不足，教学效率事倍功半。针对这种情况，我尽量从培养孩子的学习兴趣入手，在教学内容的基础上，适当选择一些小知识点，让孩子进行讨论、分析，引发孩子兴趣，并穿插一些练习题，让孩子进行比赛。比赛的目的在于吸引孩子们的注意力，引发他们参与的意识，唤醒孩子学习的主动性，从而由被动变为主动，使孩子们在轻松愉悦的氛围中学到知识，从而间接地使孩子对语文学科产生浓厚的兴趣。

二、自觉安排任务

语文知识，一方面与生活非常贴近，孩子一知半解，略知一二；另一方面书本上的许多理性知识离孩子的生活比较远，他们对这些知识不感兴趣，也难以理解与领悟。为了调动学生的学习兴趣，引导更多的学生参与到语文学习中来，我常常会针对比较难理解的语文知识点，采用小组合作的形式展开教学，把班级同学分成几个小组，让他们针对某个知识点，小组内分工合作，自己进行安排、分析、讲解、小结和补充。这样既调动学生的积极性，也增强了他们对语文学习内容的理解，同时还锻炼了他们的语言表达能力。

三、自动寻找答案

语文知识内容丰富，拓展面宽。若我们只是单纯地向学生罗列书面知识，久而久之，他们会感到单调、枯燥，会产生厌烦的心理，从而对语文学习失去兴趣。为了调动他们自主学习的积极性，在教学中，我针对不同孩子的特点，设计问题。

例如，在教学《春天》这一课中，孩子对文章中写景的方法，一知半解，对春的认识也只是片面的。如果我们只停留在分析文章的结构上，则缺乏教学的深度。为了弥补这一缺陷，于是在教学中设计了这样一个问题：这篇文章之所以吸引我们，使我们感受到了美，主要是什么原因呢？抛出问题后，让学生有充足的思考和探究的时间，让他们运用多方面的知识和能力，在自我探究的基础上，总结归纳出以下方面的原因：其一，充分运用多种感官描写景物；其二，修辞手法的恰当运用；其三，人景结合；其四，动静结合。这样以问题导向的学习，一方面培养他们解决问题的能力，另一方面，也满足了学习课文内容的欲望，让他们在学习中获得成就感。

四、自身体验学习

语文课堂教学时间紧，内容多，在课堂教学中，不仅要传授一定的知识，更重要的是培养一定的学习能力。我在教学中倡导，学生在学习中所遇到的疑问，凡是可以凭借已掌握的知识和学习方法能解决的就自行解决，能通过相互交流解决的就商讨解决。学生自己解决不了的，教师作必要的学法指导。如遇到意思不懂的词可以联系上下文或查字典来理解。含义深刻的句子可以抓住重点词或联系课文，联系时代背景来理解，结构相似的段落，采取半扶半放的方法。如教学《再见了，亲人》这一课时，课文记叙同大妈、大嫂、小金花告别的三个典型场景时，文章各用一段来描写，写法大致相同：话别——追忆——赞扬。教学这三段时，我把重点放在第一段上。通过第一段的教学，让学生学会分析第二、三段的方法，然后再放手让学生自主学习第二、三段，掌握方法，形成能力。“放手”成了我在语文课堂中的关键词。在课堂上，教师要鼓励孩子们自由地，以自己喜欢的方式读书、思索，也可以按自己的认识去体会文章，提出问题，各抒已见。作为教师，既不要担心他们说错，也不要害怕他们瞎想。只要学生真正参与了学习，错的可以纠正，暂时不能统一的也可求大同存小异。这样，孩子们常常会为自己的一个新见解而感到兴奋不已。久而久之，他们便能掌握一定的语文学习方法，形成稳定的学习能力。

因此，在语文课的教学中，引导孩子自主学习的关键，在于对孩子兴趣的引导和明确孩子的学习责任。对学生自主学习的引导，依赖于学生的学习兴趣，在“能学”的基础上，引发学生“想学”，教学生“会学”，从而进一步建立在学生的学习责任上，导入学生能“坚持学”，尽量使学生的自主学习达到尽善尽美，使学生彻底地从传统的“要我学”转变为“我要学”的轨道上来。

（季霞芳）

3-6 挖掘潜能的宝藏

自由、自主、自学、自悟的课堂是有生命力的，这才是属于学生的、理想的课堂。尤其是我们语文阅读教学，我们要培养学生自能阅读的好习惯，让学生人人参与、主动探究，有意识地培养他们主动获取知识的各种能力，以达到"自主研究，不待老师讲"的最终目的。

一、课前预习，唤起积极的学习意向

过去我们往往忽视学生自读能力的培养，也缺少必要的指导。只是在讲授之前布置一下课外预习，这其实是一个战略上的失误。为了有计划地提高学生的自读能力，教师应把课外预习移到课内，作为讲读课的一个基本形式固定下来。教师有时可以在第一课时结束时，留一点时间让学生预习下一个课时的知识。教师把预习要求告知学生，同时允许学生可以根据自己的实际情况给自己拟定预习要求。学生可以在书上直接批注，或者写在预习本上。当学生不知道如何预习时，教师应当面给予解答，若遇上生字词鼓励学生查字典，不理解的词句可以联系上下文，或者结合写作背景等，指导学生积极预习。

当然，学生在预习的阶段，不可能把整篇文章弄得头头是道。因为预习的本意在于让学生勤于动脑思考。学生在课堂上发现自己的理解与老师讨论的结果相吻合时，他们可以获得独创成功的快感。若自己的理解与讨论结果不甚相合，学生可以当作比量长短的思索。这种快感、思索与注意力，足以鼓动学生阅读的兴趣，增进阅读的效果，具有很高的学习价值。因此，预习的根本意图，不在于让学生彻底领悟所要学习的

东西，而在于唤起学生的学习意向，以探索者的姿态来面对文本，消除疏离感，从而为课堂教学完成铺垫。

二、反复朗读，唤起强烈的探究欲望

朗读是把书面语言转化为发音规范的有声语言的再创作活动，它是一项重要的语文基本功。朗读对全面提高学生的语文素养有着重大作用。首先，朗读可以加深学生对文章的理解。学生在初学语言时，声音对大脑皮层建立听觉表象的作用尤为重要，可以帮助记忆和理解语言。书读百遍，其义自见。也就是说，只有经过反复朗读，方能读出其中的韵味，领悟深层含义。有感情地朗读，使声音进入大脑后产生很强的形象感和画面感，激发学生的想象力。教师通过让学生齐声读、轮流读、指名读、分角色读、领读、默读、朗诵等形式，一边读一边思考，将读与思结合，做到朱熹所说的熟读精思，从而品析语言文字，理解文章内容。其次，朗读有助于创设文章情景，再造意境。通过反复朗读文章精华所在，可以启发学生深入思考，学生会对文章产生丰富的想象，会很快进入到字里行间所创设的情景中去。这时，原本无声的文字变成有感情的音符，文句的生命力跳跃并迸发出文章所体现的情感。如果教师善于创设情境来渲染气氛，引导学生反复朗读课文，启发学生的想象，再造意境，这样对课文的理解将起到事半功倍的效果。最后，朗读可增强学生学习的主动性，使他们逐渐形成良好的学习习惯。学生在朗读的过程中会随着朗读的不断深入而产生疑问和不同的情感体验。学生通过谈话、讨论、补充等形式发表自己的见解和体会。久而久之，学生将养成主动探究的良好学习习惯，自觉地成为学习的主人。

三、参与板书，唤起自主的学习兴趣

板书是教师在教学过程中，配合语言、媒体等，运用文字、符号、图表向学生传播信息的教学行为方式。然而,就目前的情况看,教师普遍在板书设计中注重体现学习内容,而忽视了如何体现学习过程,也就是说只注重体现“学什么”而没有体现“怎么学”。这不能不说是一种缺憾。所以,教师应该结合板书直观、简洁、凝练的优势,让学生共同参与板书设计。其本质就是把培养学生自学能力这项“软”任务,“硬化”到黑板上,把指导学生学习的任务落到实处。

在具体设计上应根据具体情况灵活掌握,总的来说应注重体现明确性、指导性和实用性。比如,我们可以将板书设计分为两大板块:学习过程板块和学习内容板块。板书的格式可以采用横式、纵式,综合式等。原则上,学习过程板块的设计应配合学习内容的板块。

例如:在教学《东方明珠》第二自然段时,我们可以设计如下板书:

了解大意——深入分析——明白写法

东方明珠　高大　像个巨人　打比方

　　　　　美丽　五光十色　描写

在上面的板书设计中,第一行是学习过程板块,第二行是学习内容板块。学生通过板书不仅可以了解到该自然段的大致内容,而且可以清晰地看出刚才学习第二自然段的过程:了解大意——深入分析——明自写法,从而了解学习段落的方法。

四、拓宽思路,激发多维的思考激情

思维的广阔性,即思维的广度,它是指学生学习中善于打开思路,全面地观察问题,抓住事物之间的相互联系,掌握事物本质的能力。自能的课堂不应该完全交由学生漫无目的地自学,当学生的思维形成定势时,教师就要及时引导学生多角度思考。如在《葡萄沟》的教学中,一开始教师可以引导学生围绕“葡萄沟真是个好地方”这句话展开读书活动,学生带着问题自主读书。当读到“葡萄一大串一大串地挂在绿叶底下,有红的、白的、紫的、暗红的、淡绿的,五光十色,美丽极了”一句时,大部分学生能抓住句中描写颜色的词，也能归纳出葡萄沟的葡萄具有颜色丰富的特点，但他们可能到这里就止步不前。此时，教师可以引导学生思考，并发问："除了颜色还有其他方面的特点吗?"学生经过教师的小小点拨，大胆地从多角度进行思考，很快发现了"葡萄沟的葡萄不但颜色很多，而且数量也很多，因为从'一大串一大串'这个词可以看出来"、"颜色那么多，也可以看出葡萄的数量很多"……学生的思维通过巧妙地引导一下子开阔了起来。

"教是为了不教"，叶圣陶先生说得真好。教师不仅是知识的传授者，更是学生学习情绪的调动者，是学生学习能力的培养者，是创新精神的引领者。在自能课堂中，最重要的是巧诱善导，激发起学生学习的强大兴趣，培养学生的自学能力，唤起学生内在的学习需要。

总之，能力是一个人素质的重要方面，自学能力对其他能力的形成又有巨大的推动作用，所以对学生自我探究式的自学一定要注重合理巧妙的引导，并进行行之有效的训练。

（杭　丽）

3－7　走进自主探索的伊甸园

苏霍姆林斯基说："在人的心灵深处，都有一种根深蒂固的需要，这就是希望自己是一个发现者、研究者、探索者，而在儿童的精神世界中这种需要特别强烈。"在教学中，教师应引导学生动手、动口、动脑参与教学活动，自主探究数学知识的形成过程。自主探究是以学生的发展为本，充分发挥学生的潜能，通过引导学生主动参与实践操作、观察分析、猜测验证、质疑问难、合作交流等活动，去发现问题、探究问题、解决问题，从而使学生自主构建新知、发展能力。那么，在教学过程中，如何引导学生自主探究、自主学习呢？我尝试从以下几个方面引导学生进行自探：

一、动手操作　体验乐趣

瑞士心理学家皮亚杰说："知识的本身就是活动，动作和思维密不可分。"学生最能理解的是自己双手实践的东西。在数学教学中，针对学生好动、好玩、好奇，乐于模仿的特性和思维带有具体形象性的特点，在课堂上让他们通过"分一分"、"数一数"、"画一画"、"摆一摆"、"拼一拼"、"剪一剪"、"折一折"的活动，尽量让每一个学生都动手参与课堂数学活动，从而变隐为显，化静为动，丰富学生的感性认识，充分体验知识的发生、发展，明白知识形成的过程，促进学生思维的发展，提高学生主动学习的自觉性、深刻性。例如：一年级数学教材中的《数楼》，其实就是数的分与合。教师通过让学生动手掷双色片，来统计、整理、归纳出数的分合规律。动手操作的自主活动，不但能使全体学生积极主动地参与学习过程，掌握新知，而且能培养学生的综合能力，促进学生思维的发展。

二、合作学习　共同探究

自能的课堂上应该变教师讲授为学生讨论、合作学习，还学生学习的主动权。教师在课前先建立合作小组，将不同学习能力、学习态度、学习兴趣、个性的学生分配在同一组内，再给组内成员一个特殊的身份和一项特殊的职责。如在一项活动中可设立"主持人"（掌管小组讨论的全局）、"记录员"（记下学习结果）、"检查员"（检查小组成员学习情况）等，然后促进小组合作形成"组内互助合作，组间互相竞争"的学习氛围。如在教学《轴对称图形》时，教师在一张探究表上设计了四种图形，分别是长方形、正方形、圆形和平行四边形，要求学生通过小组合作找出这四种图形中哪些是轴对称图形，如果是轴对称图形，还得找出它有几条对称轴。在活动中，每组 5 位同学分工合作，其中四人每人对一种图形展开研究，并把探究结果告诉给组长，由组长负责记录。初步探究完以后，再由组长将刚才的结果在组内进行交流，若意见不一致时，可进行修改，最后形成一个综合的较理想的结论。

三、联系实际　学以致用

学数学的目的在于联系生活，学以致用。生活是学生学习文化知识的重要源泉，因此，我们教师要让学生发现数学就在我们身边，使他们有更多的机会，从周围熟悉的事物中学习和理解数学，感受数学与现实生活的密切联系。教师应注重联系生活实际，从学生的身边找例子。例如，在教学《加倍与一半》时，当学生对加倍和一半有了数学意义上的认识之后，教师可以结合生活中“买一送一”和“打对折”这两种现象，使学生能从数学知识中联想到生活问题，即“买一送一”就是“加倍”、“打对折”就是“一半”。又如在教学《时间的认识》时，教师可以结合学生日常生活中的作息表，让学生互相交流后，根据他们的生活经验来进行学习。另外在反馈过程中，教师可以设计乘列车这样一个情境，让学生将列车的班次与时间相对应，从而进一步巩固了对时间的认识。

四、开放提问　拓宽思维

设计开放性问题，有利于提高学生自主解决问题的能力。开放性问题的内容、形式具有新颖性，问题解决具有发散性，教育功能具有创新性，能充分凸显学生的主体地位。开放性问题的结论可以不唯一，甚至没有标准答案。对学生而言，不同的学生可以有不同层次的解答。开放性问题和条件的不唯一性，给具有好奇心的学生提供更多的探索时间和更大的探索空间，进而培养他们运用多种策略解决问题的习惯，培养他们的求异思维。例如在教学《连加、连减》时，教师设计了这样一个开放题：学校组织学生去春游，每人带 20 元。有以下几项娱乐项目可供学生选择：(1)划船 10 元；(2)玩碰碰车 5 元；(3)坐海盗船 4 元；(4)乘小火车 2 元。要求把 20 元用完，请你自己设计一下方案?(用算式来表示)以下是学生的几种设计方案:(1)10 + 10 = 20;(2)5 + 5 + 5 + 5 = 20;(3)4 + 4 + 4 + 4 + 4 = 20;(4)10 + 5 + 5 = 20;(5)10 + 4 + 4 + 2 = 20;(6)2 + 2 + 2 + 2 + 2 + 2 + 2 + 2 + 2 + 2 = 20;(7)5 + 5 + 4 + 4 + 2 = 20;(8)10 + 2 + 2 + 2 + 2 + 2 = 20 等。可见,这样的问题结论不是唯一的,不同的学生出现了不同层次的解答,而且每种方案都能使问题得到有效地解决。学生从自己对问题的理解和处理的方法中,得到了自己认为满意的答案。即使是基础较差的学生也能选择适合自己的切入角度,进行思考,为学生开拓了广阔的思维空间,从而提高了学生自主解决问题的能力,突出了学生是教学的主体。

总之,在小学课堂教学中,教师要为学生探索知识创造条件,给学生留出思考的时间,探讨的空间;让他们经历探究的过程,把“学”的权力还给学生,把“想”的时间多给学生,把“做”的过程留给学生,引导学生主动探索,培养学生的自主探究能力,使学生真正学会学习。

(秦　笑)

3-8　书让孩子自己去读

语文教学的目的是指导学生正确地理解和运用祖国语言,丰富语言的积累,培养热爱祖国语言文字的情感,使他们具有初步的听说读写的能力,养成良好的语文学习习惯。在小学语文教学中,培养学生的语言能力不仅有助于提高学生的理解能力,发展学生的认识水平,还可以使思想教育落到实处,起到文道统一的作用。作为一名语文教师怎样让孩子自主发展、培养自读能力呢?

一、多元预习，提供阅读菜单

预习是阅读教学中的一个重要环节，小学中高年级的阅读课文都有导读、预习。大多数教师也十分重视孩子的自学指导，有些教师甚至硬性规定孩子按照老师教给的步骤和方法进行预习，但是这样做实际效果并不怎么理想。原因何在？主要是忽视了孩子的个性差异，忽视了孩子的主体潜能。在预习这个教学环节中，我重视教师“主导”和孩子主体“自主”的和谐统一。教师“导”而不牵，仅是辅导。孩子是主体，具有自主性。教师对预习授之以法，但不拘泥于形式，并针对不同层次的孩子，指导他们对自己的学习方式做出自主选择。

记得我在教学《茉莉花》一文时，我给孩子提供了三种预习方式：(1)“基础型”：即根据导读要求，能正确读准词语，正确读通课文，边读边画，养成不动笔墨不读书的习惯，遇到不理解的字词，查查字典，弄清楚词语在文章里的意思。(2)“作业型”：能按照导读、预习、课堂思考、练习的要求，带着问题学、读中有思，能按自找、自读、自练的方法去认真读书。(3)“自能型”：能根据自己的学习情况，在自读中提出不懂的问题，有质疑问难的好习惯。这三种预习方法体现出不同层次孩子的需要，为孩子自主学习营造民主、自由、宽松、探究的学习情境，让每一个孩子都作为一个独立的个体，去发挥自己的潜能。

二、多样阅读，体会文章奥妙

在课堂教学中，教师要把握孩子的心理特征，为他们动手、动口、动脑提供足够的素材、时间和空间，为他们自我表现和相互之间的交流提供多种多样的机会，使得他们能够充分展示自我，在积极生动的情感波澜中，积极地参与、主动地发展。

在教学《爱动脑筋的帕斯卡》一文时，我省去了繁琐的提问分析，创设了“书让孩子自己去读"的教学环境，设计了三个怎样读的环节：(1)自由朗读，想想哪些地方读不懂，等会儿提出来共同讨论。(2)检查朗读，每人读一个自然段，不用老师指名，愿意读就站起来，依次读，师生共同评价，共同探讨，相互合作。(3)有感情朗读。在教学中我时时注意讲究方法让孩子来设计问题、提出问题。这样改变了传统的教师问、孩子答，教师讲、孩子听的教学方式，给孩子充分的读、思、问、议、写的时间，拓宽了孩子各自施展才能的天地。

三、拓展阅读，丰富学习视野

教材是个例子。它是孩子学习规范语言的范例，是孩子进行语言训练的载体。孩子学习语文首先要学好这些范文。但仅仅学好这些范文是远远不够的，它满足不了孩子的愿望和求知欲。教师不但要善于在课堂上让孩子以教材为例子，学习语言的规律，以教材为拐棍，尝试语言的练习，由教材作迁移，形成语言的技能，而且要由点及面，让孩子凭借课堂学习中认识的规律、掌握的方法、形成的技能，在课后纵向延伸，由一篇带动一批，或体裁相同的，或内容相关的，或写法类似的文章的自能阅读。使孩子既可以在延伸阅读中巩固所学知识、技能，又可在广泛阅读中运用学法、巩固学法，进一步提高阅读水平。

在教学《微笑着承受一切》这篇课文时，我让学生了解了微笑是一种力量，微笑可以感动世人，桑兰的微笑，更是照亮人心。桑兰是一个折翼的天使，而今天的桑兰，已成为独当一面的体育评述员及节目主持人，为她坎坷的人生开创了新的局面。一个人的人生不可能是一帆风顺的，当我们面对困难时，要乐观、坚强，只有爱自己的人才能勇敢地站起来。其实，在我们身边，这样的人还有很多。像海伦·凯勒和张海迪也是非常了不起的女性。老师这里有几个介绍她们事迹的网站，感兴趣的小朋友可以抄下来利用业余时间去看看她们又是如何面对坎坷人生的。这样能使学生在学习课堂知识的同时，开拓视野，增加阅读量，进一步掌握阅读的方法。

通过多元预习、多样阅读以及花样阅读，使我感受到“阅读教学是学生、老师、文本之间对话的过程”，也让我知道了阅读教学的基本要求：以教材为媒体，实现老师、学生、文本之间的对话和交流，特别是学生与文本之间的深层互动。一旦学生对阅读产生了浓厚的兴趣，就会把读书看成是一大乐事，就会释放巨大的潜能，觉得越读越有兴趣，越读越想读。这样日积月累之后，何愁语文知识不丰富，语文阅读能力不提高？

（李伟敏）

涟漪:“磁性课堂”的过程

课堂本是一片湖,当你向平静的湖面扔一枚枚小“石子”,湖面便会风情万种,荡漾着阵阵灵性。课堂是师生共同学习的地方。如果总是那么平淡无奇,就缺少了一分色彩;如能时不时地荡起一圈圈的涟漪,定会让学生感受到生命的活力。作为教师,最大的作用就在于能够敏锐地捕捉学生的思维灵感之花,艺术性地利用“静水投石”这把神奇的钥匙,形成适当的冲突,激荡起一次比一次更美丽的思维涟漪,收获智慧的精彩。

课堂是师生之间、生生之间交往互助与共同发展的地方。教师要尊重学生的个性差异,珍视学生的独特感受,把课堂的温度建立在思维的深度上,注重触发和点拨,利用"静水投石",激起思维的涟漪,撞击出创新的火花,提高吸引力。

心理学认为:"课堂上只有经常性地启发学生动手、动口、动脑,自己去发现问题、解决问题,才能使学生始终处于一种积极探索知识、寻求答案的最佳学习状态中。""教师主讲,学生主听"的课堂如一池静水,无波无澜,容易使学生昏昏欲睡,课堂死气沉沉。如果我们把课堂交给孩子们,在他们迷茫时、疲惫时、沉闷时触发点拨,犹如"静水投石",就能激起课堂上美丽的思维涟漪。

课堂本是一片湖,教师向平静的湖面扔一枚枚小"石子",投石生涟漪,湖面便会风情万种,荡漾着阵阵灵性。

首先,珍视差异,有"石"可掷。

每个人都是一个独立的生命个体,学生也不例外。研究发现,学生在学习中明显存在四种重要的个性差异:学力差异、兴趣差异、学习适应性差异、生活经验的差异。教育理应依据人的生命本性,尊重生命的价值,促进生命的发展。教师需要珍视学生间差异的存在,要真心实意地关爱每一个孩子,给予学生们更多的赞许,合理利用差异提高教学效率,针对学生的个体差异和智能特点,创造出适合每个学生的教育教学方式。

一节课是否灵动和高效,关键是看老师能不能尊重学生的差异、顺应学生的发展、把课堂的温度建立在关爱的广度上。所以,我们要怀着宽容、赞赏的态度,积极发现他们的长处,让他们得到参与课堂的信心和愉悦。承认差异、关注差异的同时,学生也会回报以课堂更多的精彩,回报以老师更多的感动与惊喜。"一千个读者就有一千个哈姆雷特",学生学习的差异性可以为我们提供激活思维、引发智慧碰撞的契机和素材,使我们有"石"可掷。

其次,触发点拨,掷"石"有方。

教师要有敏锐的观察力和灵活的应变力,或借助教材设疑引人入胜,或创造学习的兴奋点层层深入,或善待学生的错误点波澜跌宕,或巧借游戏竞争回味无穷,将"石子"置于学生的疑惑处、新旧知识的联系处和学生思维的"盲区",使学生在课堂上始终处于一种积极的探索状态。

巧妙提问生涟漪。在磁性课堂中,提问是很重要的,因为它是学生思维的向导。有价值的课堂提问不仅能较好地激发学生学习的兴趣,而且能有效地发展学生智力,培养学生的能力。"善教者,必善问",因此,在教学中实施有效的课堂提问,能很好地促进学生思维的发展。

有效操作生涟漪。有人说"我听了,就忘了;我看了,记住了;我做了,才理解了"。小学生的思维处于以具体形象思维为主要形式,逐步过渡到以抽象思维为主要形式的阶段。他们需要借助动手操作和实验,更好地促进思考,增强感悟与理解。

非凡智慧生涟漪。儿童是天真无邪的,但他们也是充满智慧的个体。在教学中,孩子们常常灵光一闪,表现出超常的智慧。教师要充分利用这个机会,帮助学生理解、参透,从而激发学生的学习兴趣。

动态生成泛涟漪。"动态生成"是新课程的核心理念之一。课堂教学不再是教师按照预设的教案机械地、僵化地传授知识的线性过程,而应是根据学生的实际需要,不断调整的、动态发展的过程。教师们要能充分利用教学中的"生成"资源,让课堂充满变化,变得富有磁性,富有吸引力,提高课堂教学的实效性。

一节好课,就如同一块磁铁一样,富有吸引力,可以集中学生的注意力,充分调动学生的各种感官参与操作、讨论、学习。而在教学过程中不断产生的阵阵涟漪,却让整个课堂教学扣人心弦、高潮迭起,孩子们在有趣的学习中乐此不疲,意犹未尽。这样的磁性课堂是让人向往的,也是真正具有实效的。

最后,多边互动,"石"破天惊。

正如雅斯贝尔斯所说:"教育意味着一棵树摇动另一棵树,一朵云推动另一朵云,一个灵魂唤醒另一个灵魂。"这就要求教师在具体的教学实践中不仅自己要当好"一棵树"、"一朵云",还要鼓励学生互相当好"一棵树"、"一朵云",以自己独特的体验去鼓励其他人对教科书做自我解读、自我理解。

在教学实践中我们要关注学困生，实行分层教学，加强小组合作，设计竞赛活动，促进多边互动。小学生们大都具有强烈的集体荣誉感，所以我们可利用其争强好胜的特点，举行各种竞赛。这样不仅可以提高学生参与的积极性和主动性，还可以培养学生的团队意识和合作能力，在思维的交锋中碰撞出智慧的火花，甚至是产生"石破天惊"的效果。

课堂是师生共同学习的地方。我想，如果总是那么平淡无奇，就缺少了它应有的色彩；如能时不时地荡起一圈圈的涟漪，定会让大家感受到生命的活力。作为教师，最大的作用就在于能够敏锐地捕捉学生随时提供的反馈信息与教师本人闪现的稍纵即逝的思维灵感之花，艺术性地利用"静水投石"这把神奇的钥匙，在适当的时候，恰到好处地打破学生固有的思维模式，使学生原来已有的知识经验受到质疑，形成适当的冲突，激荡起一次比一次更美丽的思维涟漪，收获智慧的精彩。

（杭　丽）

4－1　创造学习的"兴奋点"

兴趣是学习的动力，当一个儿童对某一方面产生兴趣时，大脑中有关学习的神经细胞就会处于高度兴奋状态，而与之无关的神经细胞则处于抑制状态。如果儿童心情愉快，学习效率则会极高，这一时刻被称为"兴奋点"。课堂"兴奋点"，能够让儿童精神振奋或者引发激动的情境、话题，可以使他们集中注意力，激发他们的好奇心，启发他们的思维，从而使他们积极投入课堂教学活动之中，达到提高课堂效率的目的。课堂35分钟对于小学生来说是一个相对漫长的时间段，加上外语学习的特殊性，作为教师的我们不可能要求每一个儿童在这个时间段里始终保持兴奋的状态,更不可能要求他们每一分钟都在认真聆听我们的讲解。因此,教师必须把握时机,善于捕捉和创造学习的兴奋点,最大限度地调动儿童的积极性,在课堂上发生思维与思维的碰撞、智慧与智慧的交流,让生命冲动具有无穷的活力、无限的张力。

一、有趣的游戏——兴致高涨

德国教育家拉伊指出,通过游戏进行的教学是所有教学活动的典范,因为这种教学合乎自然。儿童乐于游戏是天性,也是儿童文化使然。引入游戏化的教学活动,不仅使英语学习趣味横生,而且有助于最大可能地调动他们的学习潜能。儿童在英语游戏活动中,在兴趣盎然的情境中,他们的大脑会处于高度的兴奋状态,他们的兴奋点会在游戏中不停地迸发。只要我们捕捉得法,思维兴奋点在课堂上会呈现燎原之势。

比如,在教授 3AM2U1 My friends 主题单元时,我在前一个课时主要教孩子们通过“He/She’s .... He/She’s a .... He/She can ...”等句型描述自己的好朋友。可发现孩子们在课堂上的兴致并不是很高涨,教室的氛围似乎还缺乏一种激情与温度。因此,我灵机一动,向孩子们宣布,现在我们进入游戏环节,请每位小朋友用自己所学过的句型描述自己班级中的好朋友,并写在一张纸条上。收齐纸条后,我发现孩子们个个把自己的好朋友描述得非常详细,因此,我决定抽取部分同学到讲台前面,宣读他们所写的内容,并用“Who is he/she?”句型让其他同学猜一猜他们的好朋友到底是谁。这时,我感觉整个教室已快燃烧,孩子们的兴奋劲非常足,他们的思维处于非常活跃的状态,个个都想抢着猜猜别人的好朋友。

可以看出,游戏将枯燥的语言知识转变为生动的场景活动。让儿童参与游戏,唤起儿童之间友好、愉快的情感体验,使儿童逐步嗨起来,从而把他们的学习兴趣慢慢地引到英语课堂学习上来。

二、生活的体验——刺激神经

美国著名教育家杜威认为，教育即生活。他主张教育的过程与生活的过程是合一的，而不是为将来的某种生活做准备。我国著名教育家陶行知也主张"生活即教育"，"社会即学校"，"教学做合一"。因而，英语学习应寓于生活，又服务于生活。创设、借用良好的生活情境能较好地激发儿童的学习兴趣，而抓住生活中的事件作为教学材料能够更有力地刺激儿童的神经，激发他们的学习兴奋点。

记得我在教授 3AM3U2 Shopping 单元内容时，书上呈现的是简单的购买水果的对话内容。小孩看到这些对话内容时，心想着一二年级早就学过这些知识，三年级还学这些很没意思。因此，我将这些所学过的对话内容创设了一个生活情景："今天你的好朋友会来家里做客，妈妈让你去水果店买五根香蕉和六个苹果。请你根据平时的生活经验，和自己的搭档进行一段完整的购买水果的对话。"这时，我们把教室布置成水果店，孩子们瞬间变成顾客和服务员。孩子们一看到水果店场景，立刻进入角色，积极和自己的搭档进行了购物对话。整个教室到处可听到"Can I help you? May I have five apples, please? Here you are. Thank you."等对话内容。他们俨然已进入购物世界，淡忘了自己所处的学习场所。

英语是一门工具性的学科，我们学英语的最终目的是能用英语进行表达、交流和交往。我们应该通过英语生活化教学，使儿童在无形中淡化学习意识，加强他们的生活意识，努力让语言学习走向生活，在生活中学，为生活而用。同时也把狭窄的课堂学习变为融入生活的体验学习，让儿童在生活化的情景中提高英语的综合能力。

三、童趣的绘本——津津乐道

英语绘本(picture book)指的是文字与图画相辅相成的图画故事书，它是表达特定情感和主题的读本,是通过绘画和文字两种媒介在不同向度上交织、互动来讲述故事的一门艺术。英语绘本装帧精美,内容经典完整,语境真实丰富,语句复现押韵。英语绘本所具有的这些特点一下子便能吸引儿童的眼球,让他们爱不释手。

在平时的英语教学中,我时常会将绘本与英语教材有机地结合起来。孩子们每次上英语绘本内容课时都津津乐道。还记得那是一堂特别的英语课,上课铃声响时我手中拿了一沓厚厚的卡纸。孩子们一脸诧异地看着我,这时我宣布了这节课的重要任务:“这节课我们要制作一本英文绘本!”“制作英文绘本?”“我们怎么会做英文绘本啊?”“怎么做啊?”这下孩子们更加疑惑了,教室里顿时炸开了锅。我示意让大家安静下来,接着说:“我们要制作的英文绘本,名字叫做 My Season Book,我是你们的技术总监,在你们制作的过程中,有什么问题可以尽管向我请教。”听我这么说,孩子们都乐开了花。接下来我和他们一起讨论了制作绘本该注意些什么,例如封面和封底该怎么设计。大家还一起讨论了绘本的文字内容,以春天为例:It's spring. It's windy and warm. The plants grow and grow. I can plant trees. I have a sweater. I like having a picnic in the park. I like spring. 之后,我要求孩子们四人一组,分工合作完成 My Season Book。一声令下,只见他们一个个神采飞扬,好似自己要干一件相当了不起的事情了。他们各个小组的工作分配还各不相同呢!有的小组每人负责一个季节,有的小组按照具体的任务如文字、美化等进行分工。这时,我发现孩子们都拿出了我上节课讲授的语言材料,认真查找自己要用的单词和句型。相互之间还讨论着每个季节该是什么天气,有哪些明显特征,能做什么事情,该穿什么衣服等如何用英语表达。英语优秀的孩子还会主动教那些后进生,叮嘱他们千万别出错。我默默地看着,心里暗暗窃喜。

当孩子们的绘本一本一本交给我的时候,他们的作品着实让我感到欣喜!有些绘本书写漂亮,图片生动有趣,完全有收藏价值!有些绘本还写明了文字书写是谁,美工是谁,排版是谁,有的还标上了价格,最重要的是孩子们不仅做得开心,学也乐在其中。

英文绘本作为小学英语教学的奇妙载体,以其特有的精妙绝伦的语言文字和色彩明快的画面,给儿童营造了一个个梦幻的世界,激起了儿童极大的学习兴趣,为乏味的语言学习带来了鲜活的生机。儿童在与绘本进行心灵对话中，充满了对大自然的热爱以及童真童趣的向往。

众所周知，儿童的兴奋点在课堂上是突然闪现的，可能会很快消失得无影无踪。我们教师在课堂上不仅应学会制造、捕捉、利用兴奋点，更应想方设法使小孩的兴奋点加以延续、巩固、扩散和放大，不断寻找计划并创造新的兴奋点。只要我们善于捕捉和创造学习兴奋点，唤醒和发掘儿童学习语言的潜力，他们则会学得更主动，更富有情趣，整个学习过程都充满了欢乐，精彩无处不在。

（曾慧芳）

4－2　竞争，一把神奇的钥匙

课堂好比一湖春水，无风之时亦无涟漪，碧波荡漾方能彰显旖旎风光，如何才能一石激起千层浪呢？如何在有限的课堂时间里让学生主动、积极地参与课堂活动并能高质量地完成教学任务，是每一个教师需要反复考虑的问题。

在小学生的成长历程中，他们的心理会发生阶段性的变化。但是无论在哪个年龄阶段，无论是谁，他们都渴望被肯定，渴望在挑战中获取胜利的满足感。尤其是小学生，他们天真活泼，有种初生牛犊不怕虎的精神，他们喜欢竞赛，愿意在竞赛中努力拼搏、迎风翱翔，锻炼自己的羽翼。

我所任教的班级中，有的孩子在课堂中表现得死气沉沉的，积极性不高。即使我在讲台上使出浑身解数，也难以激发起他们的学习热情，取得他们的共鸣。几番尝试后，我有意识地将“竞争”引入到课堂教学中，此举不仅激发起了孩子们的学习兴趣，还促使了组员之间互相帮助，共同进步。

因此，我意识到"竞争"是一把神奇的钥匙，可以开启智慧，可以激活一潭死水，可以使个人的智慧与集体的智慧相结合，形成强大的力量。

一、竞争的手段——合作

根据学生的学习水平精心排列座位，方便他们互相帮助。我把全班分成四个大组，每个大组又包含3个学习小组，把各小组的学生分别编号。在分组时务必使每个小组的总体学习水平基本相同，不能出现水平相差悬殊的小组，否则会丧失竞争的公平性，使学生的兴趣就会大大降低，起不到应有的激励效果。平时简单易查的作业如单词、课文抄写，或是课文表演等就让小组间互相交换检查，分等次计分，计入到小组中。

教育的技巧和艺术在于要使每一个儿童的力量和可能性发挥出来，使他享受到获取知识后成功的乐趣。在英语课堂上，我力求做到无论这个同学学习基础怎样，只要他努力，甚至只要这节课上努力，就能获得加分的机会。

在教学中，后进生往往自信心不足，经常游离于课堂活动之外。为了提高后进生的积极性，在小组竞争中，我一般采用异质小组合作的方式，比较简单的问题，尽可能让给后进生回答，如果他们能回答正确便能为自己的小组赢得双倍的分数。为了使自己的小组能够在比赛中胜出，很多学优生往往会放弃自己表现的机会，努力教会后进生，给他们更多展现自我的机会。这样一来，学优生自觉地当起了小老师，帮助后进生学习，使全体同学在互帮互助的氛围中共同成长。

二、竞争的动力——鼓励

激励之于孩子，犹如阳光之于种子。美丽的花朵在激励中绽放，后进的孩子在责备中凋零。尤其是小学生，他们的表现欲望非常强，喜欢引起别人的注意，他们的一举一动都期待着老师的评价。而一次成功所带来的喜悦,往往会在很长一段时间里激励他奋发前进。在教学中,老师要尽可能及时诚恳地表扬表现优异的小组和同学。

竞争可以用于对话的朗读、情境对话、课堂练习、单词的书写以及分角色表演等等。形式可以是一对一的 PK,亦可以是集体成绩的比较。每节课前,我会在黑板上写上 1—4 的数字,表示四个组,课堂中每组的得分随时记录下来。每堂课结束,我总会留 1—2 分钟时间及时给予表扬,或给他们鼓鼓掌,或说一句"Congratulations to you"等等。每一个月末,我还不忘统计各组的总分,评选出优秀小组,对小组成员给予奖品以示奖励,并举行隆重的颁奖仪式,让学生充分感到得奖是一件多么光荣的事。

三、竞争的保障——疏导

小学生以形象思维为主,不易控制自己的情感,对新鲜事物具有强烈好奇,但很快容易转移。针对这些心理特点,竞争方式方法不能过于呆板,要符合小学生的心理特点。而且有竞争就有强弱之分,弱者必须承受得住失败的打击。竞争中应保持学生心理稳定,避免情绪大起大落。让孩子明白,只要自己肯努力,在竞争之中保持良好的合作,团结一心,人人都有成功的机会。

成功有先后,胜利会迟早,所以每个人都应以乐观向上的态度投入竞争。对于在竞争中失败的小组,教师要及时疏导,引导他们克服自卑心理,选好努力的方向,团结起来,下决心追赶上去,以免产生自暴自弃或嫉妒的思想。

但是竞争机制不可无节制地滥用,要注意选择适合的环节和课堂时间的分配,还要兼顾个人与整体。在竞争机制中,教师的目的与学生的目的是不同的,学生是为了战胜别人战胜自己,在竞争中获得进步的满足感,得到老师的嘉奖;老师是为了调动学生的学习积极性,是一种教学策略。所以为了学生的发展,我们在运用竞争机制时不要忘记因材施教,不要忘记每个孩子都是竞争中的主角。同时教师还要在日常课堂教学中培养学生良好的学习习惯,形成学习策略。

引入竞争机制一段时间后,学生们逐渐形成了竞争的习惯。竞争激起了孩子们的学习热情,点燃了他们兴趣的火花,他们也都不同程度地取得了进步。我用竞争这块石头终于激起了阵阵涟漪。“海阔凭鱼跃,天高任鸟飞”,让孩子们踏入竞争天地,在“百舸争流”中勇立潮头唱大风,在英语学习中不断超越自己,完善自己。

(袁 伶)

4-3 课堂因“错误”而精彩

教学过程是由教师的教授与学生的学习组成的双边互动的活动进程,是学生认识和发展的过程,是学生从不懂到懂、不会到会、人格不完善到逐步完善的过程。在这个过程中,学生在“出错”、“纠错”中,不断获取知识,提升能力,发展思维。因此,作为教师,应当正视学生的错误,努力从学生的角度去了解、分析其背后的原因;同时,更应当敏锐洞悉“错误”的价值,充分挖掘“错误”的潜在资源,以学定教、顺学而导,让课堂因“错误”而精彩纷呈,让教学因“错误”而诗意盎然。

一、利用错误寻找趣

如果学生有了错误,要给足学生思考的时间和空间,让学生自己去发现错误,纠正错误。教师则应把错误作为教学的真正起点,要站在学生的角度,创设情趣性的教学情境,“顺应”他们的认知,摸清其错误源头,然后对“症”下药,找到解决问题的好办法。

例如教学“锻炼”这个词时,我发现许多学生误将“锻炼”的“炼”字写成“练”。这也不能全怪学生，因为教学时我没有突出强调字形，学生的这种误写在所难免。但是，怎样有效地进行字词教学却引起了我的深思。于是，在第二天的语文课上，我就问全班同学："同学们，看过《西游记》吗？孙悟空的火眼金睛哪来的啊？"一学生说，炼丹炉里炼出来的。"对啊，所以经过火的考验，身体才会更加强大。"全班同学听不出个所以然，于是我就把"锻练"这个词写在了黑板上。同学们恍然大悟，"哦，原来我们把'锻炼'写成了'锻练'了。"这样就在轻松的氛围中纠正了学生的字词错误。

二、捕捉错误巧利用

我们要善于捕捉学生的错误，面对学生错误的回答，要"放大"错误，并把它拓宽深化，就能使许多精彩不期而至。正因为有学生的出错，才会有教师的点拨、引导，才会有师生间的研究、创新。

例如《滥竽充数》教学片断：

生1：老师，我觉得南郭先生其实也挺聪明的。

师：(诧异的表情)聪明？为什么？

生1：南郭先生虽然不会吹竽，但吹竽的动作装得像模像样，这么长时间都没有被人发觉，不是很聪明吗？

生1：(还没等老师回过神来，他又接下去发表他的看法了)还有，南郭先生很会利用机会，他看准了齐宣王喜欢听大伙儿合奏的机会，趁机混了进来，很聪明。(这一说，引起了更多同学的反应，纷纷表示赞同)

生2：南郭先生很知趣，一看齐湣王的爱好同他父亲不一样，喜欢听独奏，就非常及时地离开了，避免了出洋相。

师(微笑)：聪明？你们都认为南郭先生很聪明？(课堂里，一下子安静了下来。)

生3：他不是真聪明，他是假聪明。(在大家都还处在"迷惘"状态时，一个声音冒了出来，这个声音使这个尴尬的局面出现了转机。)

师:真聪明?假聪明?你说说看,为什么你认为南郭先生是假聪明。

生4:如果他聪明的话,就应该把奏乐的本领学好,而不是把聪明的脑袋放在……放在这些方面。

生5:对,其实他是在耍"小聪明"。

生6:是"假聪明",不懂装懂的人,其实是最傻的人。

师:那你们认为真正聪明的人是怎么的?

生7:真正聪明的人,应该把聪明的脑袋放在学习上。

师:说得好,可是说的好,做的是否也一样好呢?只要大家留心观察,不难发现,在我们身边有许多"滥竽充数"、"耍小聪明"的南郭先生。

案例中出现了个令人意外的跑了题的见解,教者善于冷静地引导孩子对"错误"进行深层次地分析、思考,让学生在"真""假"聪明的分辨中加深对"南郭先生"这一典型形象的认识,将"错误"巧转为一个教学契机。可见,在课堂教学中学生出现的"错误",不应看作坏事,而应看作一笔巨大的财富。教师要善于发现、利用这一"财富",使每个学生在原有基础上获得不同程度的发展,变学生的"错误"为促进学生发展的"宝贵"资源。

三、故意出错催化剂

学生的错误有时是可遇不可求的,如果能创造一些"美丽的错误",引导学生凭借已掌握的语文知识找错、知错和改错,逐步形成主动审视、评价语文课堂的习惯,那么对学生的发展将会十分有益。教师应善于恰当设置一些这样的"陷阱",让学生在这种真实、饶有兴趣的考验中摔打。优秀的教师善于从学生的"错误"中找准"突破口",或因势利导,在"错误"中发现合理的因素,把学生从错误引向正确;或者将错就错,让"错误"暴露无遗,使学生自己发现错误,自己改正错误;或将"错误"与"正确"加以比较,让学生自行判断,自己得出结论。

默写词语时，总有一些同学把“一鼓作气”误写成“一股作气”或“一鼓足气”。怎样才能让这些学生避免错误的产生呢？我忽然灵机一动，何不创设一个活动情景，让学生结合课文自行改错呢？于是，我向同学“发话”：你们能否运用文中的知识，来帮助同学“改邪归正”，不把“一鼓作气”写错吗？

这一招还真见效，纠错方案很快“出笼”了：“一鼓作气”原指在战场上决胜的关键是士气，古代用击鼓法指挥进军作战，只有在第一次击鼓时士气振作达到最佳作战状态，后面几次就差了。所以，成语“一鼓作气”中的“鼓”是击鼓之意，“作”是振作。在使用中发生错误，大多数是因为不理解成语意思所导致的。

这个小插曲，从表面上看是一个纠正错别字训练，实际上却是教师对文本的细加工、精加工的精彩体现。只有当学生认真阅读文本，理解文本，接受文本后，才能保证今后不再犯这样的低级错误，促进学生思维与能力的发展。

课堂应该是允许学生出错的地方。学生出现错误并不全是坏事，关键是教师如何利用好这一“错误”所带来的契机，赋予它特有的价值，为我所用。有时，正是学生的天真无邪，才使教学活动意趣横生，多姿多彩。语文教学的精彩之花也会绽放，开出它独特的精彩来。

（蔡　岚）

4-4　巧借“生活”资源

《新课程标准》指出：“数学教学必须从学生熟悉的生活情景和感兴趣的事物出发，为他们提供观察和操作的机会。”强化数学教学的生活性、实用性，体现“数学源于生活，寓于生活，用于生活”的思想。因此，我们的教学要结合学生生活经验和已有知识，设计富有情趣和意义的活动,使他们有更多的机会从周围熟悉的事物中感悟、学习、理解数学,体会到数学就在身边,感受到数学的有趣和作用,体验数学那无穷的魅力,从而达到主动运用数学观点、方法去分析解决生活中的实际问题。那么,在我们的教学中该如何巧借"生活"资源来优化课堂教学呢?

一、积累素材——感悟

数学来源于生活,生活中处处有数学。教学实践中,如能努力拓展小朋友们认识数学的空间,重视他们对数学经验的积累,让小朋友们在学习数学知识之前尽早感受,课堂教学就能收到事半功倍的效果。如在教学"水、电、天然气——小数应用"的前几天,可安排学生收集家中的水、电、天然气的账单,并要求仔细观察每张单据上的项目内容和收费情况,然后在上课的时候交流自己所观察到的信息。这样学生在课外自然就会去认真观察比较,无形之中就把"小数应用"的知识渗透到学生的生活实际中去了。随着新课程的实施,让学生在课前积累素材、感悟知识,再经过家校沟通、实践体验,让学生经过一个时期的感悟和学习,培养学习兴趣和热爱数学的情感,就会收到良好的效果了。

二、捕捉现象——发现

数学思想存在于生活现实之中,教师要善于结合教学内容,去捕捉"生活现象",去采撷生活中的数学实例,为课堂教学服务。如估算是生活中最常用的,去超市购置物品时,须知道各种物品的单价和数量,可以要求学生估算一下总价;家中装修房子,需要铺瓷砖,须知道瓷砖的面积和墙壁的面积等等。把生活中学生形成的估算技巧迁移到课堂教学中,把捕捉到的"生活现象",引入数学知识,使学生对数学有一种亲近感,感受到数学与生活同在,并不神秘。数学概念的建立本来是抽象空洞的,然而,由于这些具体的事物经常摆在学生的眼前、身边，学生很快就能熟知并会运用了。这有利于更好地激发学生爱数学、学数学、用数学的兴趣。

三、创设情境——体验

在教学实践中，教师应根据学生生活背景设计教学情境，将教材内容与学生的生活情境结合起来，让学生体会到身边处处有数学，感到数学问题亲近好学，自然就提高了学习数学的兴趣。如在教学“角”的概念时，我借助同学们都熟悉的钟表、墙角、张开的圆规等生活题材，启发学生在熟悉的生活情景中自主地提出数学问题：角有几个顶点？什么叫做角的边？角有几种……让学生体验自己生活中存在的数学，加深理解所学的内容，从而培养学生从实际生活中提出数学问题并加以解决的能力。又如：在教学圆时，可以播放一位体育老师在操场上画圆的录像视频，让学生感知有了圆心、半径才能画出圆，而且同一个圆里的半径是相等的。借助这样的场景，不但能激发学习兴趣，还能锻炼学生用眼观察认识事物的能力。

四、激活经验——思考

数学思考是一种心智技能活动。就小学生而言，往往在生活中形成的常识、经验是他们理解、掌握基本知识，形成基本技能，学会数学思考和解决实际问题的基础。所以，教师在教学中应尽量注意从学生已有的生活经验出发，让学生亲身经历将实际问题抽象成数学模型并进行解释和应用的过程。如教学“瓶子里有一些糖，小红吃了9粒，现在还剩5粒。求瓶里原来有几粒糖?”时，学生要通过逆向思维用加法来解答。这对于低年级小朋友来说，是很难理解的。教学中可以这样处理：先让学生读题理解，独立分析，组织交流，教师在学生交流中适时进行生活经验上的点拨，教师可以将文字配上动作演示其过程，待学生都明白表示的意思后，用强调的稍带夸张的动作把吃掉的糖和剩下的糖两部分合并,成了原来瓶中装的糖。这一点拨,将学生生活画面再现,激活学生生活经验,使其产生顿悟,真正理解题的数量关系,解决好这一问题。

五、课外延伸——应用

小学生"运用所学的数学知识和方法解决一些简单实际问题","培养学生初步的应用意识和解决问题的能力"是《课标》的重要目标之一。知识只有运用才能被学生真正地掌握,也只有在运用中才能体现其价值。在新课程的教学实践中,我们应该坚持数学源于生活,又用于生活,将学生运用数学过程兴趣化、生活化,为学生在生活中运用数学知识,提高数学技能提供广阔的空间。例如:在学习了"三角形的稳定性和平行四边形的可变性"后,让学生深入生活去观察这种性质的实际用途:利用三角形的稳定性做成了三角板,三角支架,自行车的三角架等。利用平行四边形的可变性做成了推拉门,电动门等。通过大量实际的运用,能让学生经常了解数学知识在生活实际中的用处,同时也能训练学生的思维,培养学生认真观察、运用数学知识解决实际问题的习惯,增强他们的应用意识。因此教学要让学生在活动中体验到数学的应用价值。

总之,数学来源于生活实际,借助生活资源学数学,可以提高学生对数学来源于生活的认识,唤起学生亲近数学的热情,体会数学与生活同在的乐趣。由此可见,现实生活既是学习数学的起点,又是数学学习的归宿。让我们的学生在生活天地里学会用数学眼光看问题,用数学头脑思考问题,用数学知识解决问题。

(秦　笑)

4-5 如临其境 披文入情

新课程标准提出了语文教学的“三维目标”，即知识与能力、过程与方法、情感态度与价值观。如果说知识与能力的训练是基础，过程与方法的指导是保证，那么，学生情感与价值观的形成则是语文教学追求的一个深层次的目标，也是语文学科人文性的集中体现。孩子一旦形成了积极高尚的情感态度与价值观，必将进一步地激发他们的求知欲，从而更好地积累语文知识和提高语文综合能力。因此，情感教育在当今的语文教学中显得尤为重要，唐代诗人白居易有云：“感人心者，莫乎于情。”语文课堂教学中，如果缺少情感的碰撞与共鸣，这样的课堂便会显得苍白无力、索然无味，就容易导致课堂效率的低效化。那么，语文课堂教学中该如何创设合理的情境，又如何最大限度地用情感激活语文课堂呢？我做了以下一些探讨和尝试。

一、把握感情基调——传递

情感具有很强的感染性，在语文课堂教学中，教师的情感无时无刻不在感染着学生，也在无声地引导着孩子的情感走向。为此，在教学中，教师应首先把握教学内容的感情基调，从孩子的实际出发，捕捉容易触动他们的积极情感。同时，教师要因势利导，及时地把这种情感传递给学生，从而把他们带入一定的课堂情境中，达到激发学生学习兴趣的目的。在教学《麻雀》一文时，为了让孩子体会到老麻雀身上伟大的母爱，我在课堂上首先让孩子们回忆母亲关爱自己的件件往事，以此唤起孩子对母爱的共鸣。“世上只有妈妈好，为了自己的儿女，母亲愿意牺牲自己的一切，甚至生命，老师就曾有过这样的感受——那是一个寒风凛冽、风雪交加的夜晚……"一句句感人的话语悄悄地走进了孩子的心田,孩子的脑海中也随之浮现出一幅幅有关母爱的感人画面,心中不知不觉荡漾起一阵阵情感的涟漪。随机我顺势导入课题:"人具有这种伟大的母爱,动物又何尝不是如此?今天,让我们走进麻雀的生活,来感受发生在动物身上的感人亲情……"此举为课堂教学的开展营造了一种浓厚的情境氛围,也为课堂教学的成功奠定了良好的基础。

二、创设情感氛围——体验

课堂教学中注重情感氛围的创设,不仅能将孩子带入一个特定的阅读情境,而且能帮助他们较好地把握所阅读内容的感情基调。一个与审美心理结构相适应的情境能强化孩子的内心体验,使之自始至终处在情感的氛围之中,形成强烈的情绪冲动。此时,教师若能采用多种教学手段,充分创设一个如闻其声、如见其人的课堂情境,紧扣孩子的心弦,就更有助于孩子理解阅读内容,并获得深刻的情感体验。学生在读中悟情,往往比单纯讲解更细致入微,更感人至深。课文不是无情之物。要想有效地领会好课文的思想情感内涵,单单依靠讲解分析是不行的,学生必须要自己朗读,才能体味和揣摩出课文内在意蕴。正如米作仁先生所指出的:"讲解是死的,如同进行解剖;朗读是活的,如同给作品以生命。""讲解只能使人知道,而朗读更能使人感受。"通过深情朗读,可以使学生充分体验作者所表达的真挚情感,课文中的人物、情景便跃然纸上,课文的情感便入于目,出于口,闻于耳,铭于心。学生便可以在读中体会、读中感悟、读中升华。如在教学《月光曲》一文时,其中贝多芬为盲人妹妹弹奏曲子这一部分内容,学生在阅读中难以领会乐曲中流露的情感,为此,我在教学时,借助课堂多媒体教学手段,将深奥难懂的语言文字转化为形象生动的美妙画面和音乐——起初海上风平浪静,明月初升,曲调舒缓;接着海上波涛汹涌,狂风怒号,曲调也随之跌宕起伏……孩子们在感官的刺激下入情入境。同时利用这个时机,我还适时地引导学生有感情地朗读课文，以朗读增进感悟，以感悟提升朗读。在这样的情境中，孩子们仿佛真的来到了文中盲姑娘的身旁，一起聆听那动人的乐曲，正所谓“如临其境，披文入情。”

三、挖掘情感因素——对话

语文教材中往往蕴含着丰富深刻的情感，需要我们用心挖掘和感悟。在教学过程中，我充分钻研教材，挖掘其中的情感因素，促进学生与教材的情感交流。在教学《小珊迪》一文时，我利用本课情感性强的特点，引导孩子走进课文，切实体验文中主人公身上的感人之处。尤其是文中一些生动传神的细节描写，我把它作为触发学生情感的一个点，从“点”入手，以“点”带“面”，从而使孩子们获得较为完整的情感体验。如“小珊迪的单衣又薄又破，瘦脸冻得发青，赤脚冻得通红……”这样的描写让学生顿生怜悯之情；又如“…我走了，谁来照顾呢？……”、“……抓住我的手……”等，小珊迪临终前的一些描写读来催人泪下，孩子也无不受到强烈的情感冲击。这样触动着孩子心灵的文字，深深感染着孩子的心灵，是教师进行课堂情感教育的一笔宝贵资源。

由此看来，在语文课堂教学中，没有情感的课堂就像一潭死水，没有情感的教学就犹如失去润泽的枯叶，要让语文课堂生机盎然，必须要注入“情感”的养料，只有在这样的课堂中，学生们才能真正体会到语文的乐趣，他们就如一棵棵幼苗，只有沐浴着“情感”的甘露，才能茁壮成长，枝繁叶茂，最终撑起一片浓阴。让我们共同努力，使语文课堂荡漾起情感的涟漪！

（王　洁）

4-6 思维的浪花 智慧的涟漪

提问犹如一块石头投入平静的课堂，激起学生思维的浪花，荡起智慧的涟漪，正所谓一石激起千层浪，让学生沉浸在思考的涟漪之中。课堂中一个巧妙的提问，常常能收到"点击关键，一问传神"的效果。这样才能引起全体学生高度的注意，加强听课的效果，进而积极思维，并产生克服困难探求新知识的愿望和动力。

一、把握时机，一问传神

小学数学课堂教学中，选择提问的时机，直接关系着教学的效果，把握提问的时机是发挥设疑功效的关键。

1. 在导入处提问

"良好的开端是成功的一半。"在新课导入时进行巧妙的提问，能促使学生的注意力集中，激活学生的思维，有利于学生自主探究学习，有利于学生创新能力的培养，有利于师生的情感交流，有利于学生全面理解掌握所学的数学知识。如：教"圆的认识"时，导入提问："同学们，我们所看到的车轮是什么形状的？为什么车轮总是圆的？车轴又装在什么位置上？"让学生分组讨论。这样，从课的一开始，学生就被巧妙的设问所吸引，纷纷开动脑筋，结合课本上所讲的内容进行热烈而富有成效的讨论，使学生的思维具有极大的创造性，在解疑过程中，掌握所学知识。

2. 在重点处提问

知识的重点是教学的核心，是完成教学目标的关键，在此处提问能让学生抓住学习的重点，帮助学生掌握重点知识，使落实"双基"与培养能力有机结合，顺利完成教学任务。

如教“比较分数大小”时，先学习了同分母分数大小的比较，再学习同分子的分数大小的比较。接着提问：“那么，要是分子分母都不同，这样的分数怎样比较呢？”让学生进行讨论。这样，在教学的重点处提问，诱导学生由联想产生新的问题，不断产生新的学习欲望，使思维的大门始终开着，从而有效地保证教学目标的顺利完成。

3. 在难点处提问

难点是学生学习掌握知识比较困难的地方，突破难点是教学追求的目标，在难点处提问，能有效地引起学生的注意，使学生集中精力克服难点，帮助学生构建完整的知识体系，从而提高课堂教学效率。

如教“除数是两位数的除法”时，试商是教学的难点，出示例题：430÷62，提问：“计算时我们可以把除数 62 看作几十来试商？应商几？”学生试算，“你发现了什么？”这时提问：“为什么不能商 7，而要改商 6？”让学生对学习的难点问题进行认真思考分析，让学生充分理解除法试商的原理和操作方法，使难点得到有效的突破。

4. 在平淡处提问

当教学处于平淡无味，产生枯燥感觉时进行提问，能起到一石激起千层浪的奇效，使学生兴趣大增，思维活跃。如教“除数是小数的除法”时，学生探讨出了计算的方法，并进行练习，这时有些学生开始疲劳，情绪开始低落，便在此处提问：“除数是小数的除法我们是怎样来进行计算的？”学生马上回答：“是把除数是小数的除法转化为除数是整数的除法。”接着提问：“除数、被除数同时扩大多少倍，要根据什么来决定？”学生立刻精神振奋，顿时化解了学生对内容枯燥无味的感觉，个个开动脑筋积极思考，兴趣盎然。

5. 在模糊处提问

由于学生理解能力的不同，对有些知识易混淆，产生对知识的模糊认识，对形成知识系统存在障碍。把提问的着力点放在此处，能帮助学生弄清知识间的关联，为学生顺利地接受知识创造条件。

如教"垂直"时,学生往往对"垂直"、"直角""90°"混淆不清,多数学生将其看作同一概念,于是我设问:"'垂直'、'直角'、'90°'是同一概念吗?有区别吗?"这样,唤起学生的注意,并让学生充分讨论,发表自己的见解,从而分辨清三者之间的异同,并深化了概念,提高了教学效果。

二、巧用方法,一问传神

科学的方法是解决问题,提高功效的根本保证。要充分发挥课堂教学中的提问功能,就必须掌握科学的提问方法。要从学生的实际出发,依据教学内容,灵活地使用提问技法。

1. 比较提问

运用比较的方法进行提问,是课堂教学中常见的一种提问方法,有助于培养学生的探究能力,有利于启迪学生的思维,有利于学生掌握科学的学习方法,有利于学生对原有知识的发展和深化,有利于提升学生的综合素质。

如:教"两位数乘两位数"时,先出示:$24 \times 3 =$ ________ $24 \times 10 =$ ________ 为新课搭桥启思。再出示例题:每盒彩色笔 24 枝,13 盒共有多少枝?让学生讨论解答。学生把 13 盒分成了 10 盒和 3 盒,分别算出枝数,再算出一共的枝数。此时,引导学生看书,对照比较,并设问:"书上的竖式与自己的算法有什么异同?两位数乘两位数时用哪种方法计算好?4 为什么写在十位上?书写的格式怎样?"这样的比较提问,使学生的思维活跃,在自学中弄清了算理,掌握了计算方法,品味到了自学成功的喜悦,对数学产生了兴趣,激起了学习的主动性和积极性,提高了课堂教学效果。

2. 观察提问

让学生通过观察事物的变化,引导学生从中找出规律性的问题,有利于培养学生的观察能力,有利于培养学生的探索精神和探究新知识的能力。

如教"平行四边形面积"时,让学生动手操作,把平行四边形用割下来补过去的方法将图形变成长方形，引导学生观察图形变化的前后过程，问："图形的什么变了，什么没有变?"学生回答后再设问："能不能根据长方形的面积算出平行四边形的面积？平行四边形面积的计算方法应该是怎样的?"学生通过观察，自主探索，发展了学生获取知识的能力，提高了数学课堂教学的整体功能。

3. 应用提问

数学来源于生活，又服务于生活，能够帮助我们解决一些实际问题。教学中，要加强指导学生运用所学知识解决实际问题，并对问题作一些适当的变化，有利于学生更好地把握问题的实质，提高解题能力。

三、点击关键，一问传神

课堂中一个巧妙的提问，常常能收到"点击关键，一问传神"的效果。如我在"平行四边形"的教学中，在引导学生初步认知"平行四边形有 4 条边、4 个角及什么是对边、什么是对角"的知识后，就组织学生开展一个"搭一搭"的数学活动，当学生搭好"平行四边形"，我组织评议后，提出：你觉得搭成功的关键是什么？

生 1：关键是：先搭一个长方形，再拉一拉。

生 2：我认为是选 4 根对边相等的小棒。

我以"你觉得搭成功的关键是什么?"这一问题作为导向，激发学生的思考，给予学生思考探索的空间，这样的提问无疑提升了学生的数学思维，同时巧妙地让学生认知了平行四边形对边相等的特征。我们恰到好处的提问，不仅能激发学生强烈的求知欲望，而且还能促进知识内化。如果"一语道破天机"，定会让学生感到索然无味，思维能力培养更无从谈起。

总之，提问是一种经常使用的教学手段和形式，加强课堂提问的科学性十分重要。一堂课中一个巧妙的提问，常常能收到"点击关键，一问传神"的效果。因此，教师在教学中要科学地设计并进行课堂提问，优化课堂结构，真正发挥教师的主导作用和学生的主体作用,从而展示教师的教学艺术,显现教师的教学魅力。

（王可舟）

4-7 投石激涟漪

涟漪出自《诗经·魏风·伐檀》:"河水清且涟猗(漪)。"其意之一是水面被风吹起的细小的波纹,涟漪之于课堂在于激发学生内心的心理活动,通过产生的心理活动激发学生一系列的变化和连锁反应,促进教与学的效率。

小学自然课程的宗旨是培养小学生的科学素养,为更好地激发学生的兴趣,使学生积极主动地投入到课程的科学探究与探索中来,切实培养和提高科学素养。教师需要时刻关注作为教育主体的学生,思考和挖掘课程与学生生活、实践的关联,根据学生身心及其不断发展变化的特点和兴趣经验来选择与组织教学,确保教学内容和学生生活与社会的联系,使师与生、教与学之间涟漪迭起,不断向外蔓延,真正促学、促效。

一、巧设背景,激发兴趣涟漪

兴趣是学生最好的老师,兴趣以及随之产生的好奇心是学生学习不可忽视的内驱力。为了真正激发学生的兴趣,需要教师准确寻找诱发学生兴趣的"点",对于自然课而言,这些点往往存在于我们日常生活的微小细节中。

如在学习光的折射时,我利用大家平时经常会遇到的现象——勺子或者筷子在有水的杯碗中倾斜放置时看上去断折的现象导入教学。每位学生都有类似的经历,却少有人思考过其中的"奥秘"。我借由学生对该现象原理的兴趣,使每位学生在课堂上动手操作、重现该现象，画出自己所观察到的光路图，并与杯中没水时看到的现象进行对比，集思广益探索其中的缘由，探索光折射的原理，并推广联想到光通过厚玻璃也会发生折射，从而理解光从一种物质进入另一种物质时所发生的折射。

在兴趣的涟漪影响下，学生会投入热烈的情感和体验，愿意尽全力去解决兴趣背后的未知，形成新知，从而高效学习。

二、趣中质疑，激发探究涟漪

"学起于思，思源于疑。"从某种意义上说，教学的过程就是设疑、质疑的过程。因此，我们在教学过程中，需层层设疑，要用疑问去叩开儿童思维的大门，让儿童经过潜心思索，在解疑中获取知识，发展思维，培养能力。

在学习潜望镜的秘密时，我首先让学生做了一个小游戏，即利用镜子从桌子下面观察桌面上的一个固定物体，人的眼睛要确保在桌面以下，学生自主选择镜子的数量和放置方法。学生们玩得不亦乐乎，并且最终总结出了多种方法。之后我根据该游戏的结论，提出质疑：两面平面镜是不是不需要平行放置也可以呢？学生在游戏中体会到了乐趣，并且能够模拟潜望镜的工作原理，但是却不知道其中的奥秘是什么，也无法确定不平行放置是否也可以，心中充满了疑问。这时教师适时地讲解平面镜的反射原理，学生们带着强烈的疑问和探索欲望，学习效率提高，动手能力也愈加增强。

三、拓展延伸，激发攻坚涟漪

学科作业有多种形式，科学地布置作业不仅能够夯实学生的基础，还能拓展学生的知识，提高学生的能力，并使其思维得到训练。而在自然课的学习中很少为学生布置书面作业，更多的是动手和探究性的活动要求。

在学习声音的产生时，了解了声音是由于物体的振动引起的，根据单元内容的设置，为学生留了一个课下思考的问题：嫦娥三号成功发射后，太空中的宇航员为什么听不到彼此的讲话，需要借助无线电？我将该问题作为学生思考的家庭作业。该问题与声音的传播有关，由于月球上没有空气，缺乏介质导致宇航员不能听到对方的讲话。该问题的解决是学习的拓展，激发了学生的攻坚欲望，在攻克问题的欲望驱动下，能更好地巩固新知，拓展未知。

兴趣之于学习是需要，亦是动力，背景巧设，激发兴趣涟漪，使得学习轻松且无往不至；探究之于学习是过程，亦是真谛，趣中质疑，激发探究涟漪，使得学习深刻而不枯燥；攻坚之于学习是障碍，亦是超越，拓展延伸，激发攻坚涟漪，使得学习踏实而不肤浅。这一切的激发，都在于教师的智慧，我相信每位教师口袋中都有一把石子，不时投入平静的湖中，使学生内心深处荡起阵阵涟漪，学中生趣，趣中解疑，拓展攻坚，真正爱上学习。

（王　敏）

4－8　游戏成就精彩

小学生的特点是爱动，热于参加各项活动，尤其是游戏。同时小学生的好胜心较强，谁都不愿因自己的行为失误或行动迟缓，而破坏全队的成绩或名次，更不愿因自己违反规则而令全队受处罚或取消资格。所以在小学体育教学中应组织更多富有生活性、兴趣性的游戏，在充分调动学生的兴趣的同时，达到教学的目的。同时也要注意游戏的选择，好的游戏可以达到事半功倍的效果，而没有组织好的话，整个课堂就会乱作一团。

对于小学生的好动的特点，在体育教学中依着书本的知识点，按部就班地进行教学，要想达到好的效果是比较困难的。因此，在体育教学中应穿插一些游戏的成份，或者将游戏贯穿整个课堂的始终，可以说游戏在体育教学中具有重要的作用。

一、认识游戏——角色扮演

动作技能的形成是一个复杂的过程，学习者良好的机能和心理状况是动作技能形成的必要条件。体育游戏在技术教学中的运用，可以改善教学气氛，使单调、枯燥的技术练习变得生动、活泼，提高学生的学习积极性与兴趣，在变化的情况下强化动作技能，促使运动技能的形成。认识的形成过程，首先是大脑对外界信号的收集过程，然后是对收集在大脑皮层的信息资料加以分析、判断、去伪存真的过程。大脑对外界信号的接收效果如何，直接决定了认识的深度和广度。孩子们收集信息量的多少，在于孩子是否有兴趣。兴趣是学习的原动力，因为有兴趣，儿童才愿意去参与活动。体育游戏往往来源于生活，贴近生活，有利于激发孩子们探求美好生活的热情。他们在游戏的情节之中扮演各自角色，更好地体会、认识生活。如游戏《大鱼网》，一部分同学扮演围网捕捞的渔民，另一部分扮演活蹦乱跳的鱼儿。孩子们在游戏设计的精巧情节中，体会了捕鱼的过程，了解了渔民作业的基本知识和技能，体验了渔民辛勤劳作的生活。

二、融入游戏——思考创造

游戏促进学生非智力因素的发展。通过趣味性和娱乐性促进学生的情感体验。情感是人对客观事物与人类需要之间的关系反映，增加积极的情感和减少消极的情感，对人的行动、生活、学习等都起着完全不同的作用，直接影响着智力因素的发展。体育之所以加入游戏的内容，主要是为了让孩子们在游戏过程中边动手，边动脑，锻炼孩子们的观察力、记忆力、判断力，提升相应的抽象思维能力和形象思维能力。教师应在活动中给孩子们更多的思考空间，提出疑问，让孩子们去思考与创造。如在《美化校园》的游戏中，老师发给同学们花草、树木之后，可以稍加提示，让孩子们自己去发挥，使他们的构想、创造、思维能力逐步得到提高。

三、贯穿游戏——人格塑造

思想品德是四有之首，没有好的思想品德，其他的教育都是徒劳。教育的宗旨在于育人，忽视了品德的培养，便失去了教育的意义。孩子由于世界观还没有形成，思想可塑性较大，这就要求用品德教育贯穿游戏之中，用特定的角色规范孩子的言行，让他们有责任感及正义感。如游戏《老鹰捉小鸡》，设计了群鸡搏斗老鹰的场景，大家通过集体合作，共同打败老鹰。孩子们在游戏中可以学会认识凶残的敌人，认识集体的力量，还可以知道团结互助的好处。通过知识性和智能性的综合促进学生的能力发展。在体育游戏的教学过程中，为了取胜，在规则范围内，学生表现了各自独特的思维方式和活动方法，有助于学生智力因素发展，而智力因素的发展为非智力因素的发展创造了条件。游戏的知识性、智能性激发了学生不甘落后的心理，在自我鼓励、自我命令的过程中完成各种练习，这对意志品质的发展有积极作用。

四、创新游戏——师生共勉

要想创新游戏，必须要求师生平等、共同参与。通过语言和肢体动作的交流、沟通，以最大限度地贴近学生的生活实际，深入了解学生在运用体育游戏活动时的精神需求和困难所在，极大地鼓励学生积极主动地参与。以学生兴趣为出发点，让学生乐意参与体育游戏的全过程，充分享受并体验体育游戏活动带来的无限乐趣。同时也应以激发学生对参与体育游戏，创编体育游戏的更浓厚的兴趣和更高涨的热情为归宿。教师在指导和组织学生创编游戏、制作器材、利用器材的过程中，要积极保护学生的创新萌芽。根据学生的知识、智力实际，尽可能地引导学生在编创时求变、求异、求新。

学生开展的游戏必须适合青少年的年龄、生理、心理特点，游戏规则应简单明了，场合应具有不受什么大的限制，课内课外均可开展的特点。把体育游戏活动的主动权还给学生，无论是创编游戏或是游戏器材的制作、利用均要充分尊重学生的选择意愿，以学生的自我活动为主。因此对于体育游戏活动的内容要尽可能孕含积极思维、勇于创新的活力，充分保证学生自主权。

总之，游戏教学是小学重点教材之一，它深受学生喜爱，又有很好的锻炼价值。我们要不断深入地研究教材、教法，发挥游戏的作用，把游戏教学教好、教活，充分发挥其在小学体育教学中的作用。实践证明：恰当地运用体育游戏这种“特殊的练习方法”对于完成教学训练任务常能收到事半功倍的效果。

（张　健）

童趣:“磁性课堂”的风景

人只有喜欢了,投入了,才会释放巨大的潜能,产生无穷的动力,创造非凡的价值。发现童心,呵护童趣,需要教师重拾儿童视角,用自己的童心来激发和唤醒学生的童心,用自己的童真来呵护和滋养学生的童真,用自己的童趣来发现和激活学生的童趣。充满童趣的课堂,是学生喜欢的课堂,能让学生走入童真的天地,激发学习动力,释放学生的潜能,开启心智,从而乐学善学,课堂也因此成为牢牢吸引学生的磁力场,成为校园内靓丽的风景。

人只有喜欢了，投入了，才会释放巨大的潜能，产生无穷的动力，创造非凡的价值。充满童趣的课堂，是学生喜欢的课堂，能让学生走入童真的天地，激发学习动力，释放学生的潜能，开启心智，从而乐学善学，课堂也因此成为牢牢吸引学生的磁力场，成为校园内靓丽的风景。

一、还童趣于教师，磁性课堂的前提

“真正的教育就是一棵树摇动另一棵树，一朵云推动另一朵云，一个灵魂唤醒另一个灵魂。”发现童心，呵护童趣，需要教师重拾儿童视角，用自己的童心来激发和唤醒学生的童心，用自己的童真来呵护和滋养学生的童真，用自己的童趣来发现和激活学生的童趣。

教师应怀有童心。当教师的童心日渐消逝时，眼中的学生也会失去天真。学生和课堂的童趣，需要教师的童心来激发和唤醒。教师要怀着一颗童心，真正蹲下身子来，以孩子的视角观看学生的世界，感知学生的感受，倾听学生的心声，呵护学生的童心，及时捕捉、激发他们的好奇心和求知欲。

教师要呵护童真。发自学生内心的童心童趣，不乏浅显、不成熟、荒诞甚至有些是错误的看法和举动，我们如果从成人的眼光和标准来衡量，就会对学生过于苛责，失去耐心和爱心，磨灭学生心中的童真，每一位教师都要用耐心和爱心呵护学生的童真。充满童趣的言行，刻画的是学生最真挚的生活感受，我们要用爱心细致呵护那些正在茁壮成长的童真。

教师要激活童趣。当学生说出成熟的“大人话”，严肃端坐以对教师时，童趣正在逐渐退却热情，失去温度，淹没在家长、学校和社会的多方面负担中。教师要用自己的童真挖掘真实燃烧在学生心底的星星之火，激活学生深埋的童趣，使学生享受生活和学习的乐趣。

二、唤童趣于课堂，是磁性课堂的关键

童趣课堂能够深深吸引儿童，使学生在轻松愉快的环境中学习。童趣课堂无论是教学导入，新知、技能的学习，抑或情感、态度的养成，都需要教师在了解学生特点的基础上，关注学生的生活经验和成长需求，进行精心设计和准备，唤起学生的激情和兴趣，使学生真正被课堂吸引，喜欢学习，参与到学习活动中。

趣味导入是开端。良好的开始是成功的一半，这句话亦适用于课堂教学，无论是新授课、复习课、练习课还是活动课，有了好的开头，也就成功了一半。课堂导入环节是教师每节课给予学生的第一感知，课堂伊始，学生由闹入静，需要教师巧妙地引导和机智启发，其重要的艺术特征是能引发学生的认知冲突，引发学生的学习兴趣，创设紧紧抓住学生心弦的有趣的情境，使学习变得鲜活有吸引力。

例如，数学课堂中，学习数字前精心设计"利用数字抢凳子"、"为数字找朋友"、"送信"、"夺红旗"、"开火车"等有趣的游戏，在有趣的游戏体验中导入新知识；体育课中，将儿歌引入课堂，借鉴舞蹈、健美操、韵律操等动作元素，编排热身操，使小朋友们边朗读童谣，边做各种肢体动作，趣味性强，节奏明快，能够吸引学生注意力，使学生从安静的学习迅速转变进入运动状态。

激情共鸣是根本。课堂教学需要教师根据教学需要，不断转换角色，使课堂充满激情，孩子学得轻松，学得愉快，学得充实。对于低年级学生，教师可以将语言进行加工和修饰，使语言儿童化、生活化，符合儿童的认知特点、兴趣爱好和心理特征，使其通俗易懂，富有童趣，激发学生共鸣，使课堂激情震荡。

在教学过程中，特别是在知识抽象、难以理解的数学学习中，教师可以用故事代讲、说演结合的方式，把抽象的概念具体化，深奥的道理形象化，枯燥的事物趣味化，以此吸引学生的兴趣，进而展开讨论，使学生在激情共鸣的过程中，轻松、和谐、愉快地参与到课堂学习中，掌握新知。

以趣促练是核心。知识学习重在学以致用，将所学知识应用到实际生活中，这是学习的目的，也是检验学习效果的途径。小学生活泼好动，乐于自我表现，教师可以根据知识、技能或者情感教学目标，设计与学生生活经验相关的故事情境，请学生进行表演、游戏、访谈、实验、竞赛等，在特定的情境中，强化学生的自我实现感，激活创新思维和参与意识，愉快地投入到情境中，体会应用知识或技能的乐趣。

在进行知识应用的练习时，要摆脱枯燥的传统模式，开拓创新思维，使课堂练习更加丰富多彩，如设计思维急转弯、欢乐大转盘、开火车游戏等，使课堂充满童真童趣，让孩子们在“玩”中学，在“趣”中练，感受课堂魅力，体验应用乐趣，在欢乐中锻炼思维，强化知识和能力，培养情感、态度和价值观。

成功的教学不是强制，而是激发乐趣。营造童趣课堂，要还童趣于教师，以师之童心，呵护学生童真，激活学生童趣。营造童趣课堂，要调动学生的各种感官，激发学生的参与热情和学习兴趣，教师轻松，学生愉悦。真正的童趣课堂会成为牢牢吸引学生的磁场，成为一道靓丽的风景线！

（王　敏）

5－1　让童趣走进我们的课堂

灵活运用多种教学手段，进行童趣教学，变“厌学”为“乐学”，已成为高效课堂的根本所在。如果教师将教学与生活、学习与活动有机地结合起来，将学生运用数学的过程趣味化、童趣化，使学生感受到数学源于生活，从而激发学生学习数学的兴趣和欲望，教育效果一定会是水到渠成。

一、巧编故事，激发乐趣

课堂教学中要充分利用儿歌、故事、谜语、幽默的语言等多种形式，让学生快乐地参与数学活动，让学生在一个快乐、和谐、宽松的课堂环境中学习。

如在教学《分数大小比较》时，可以运用多媒体信息技术编制"唐僧师徒分西瓜"的故事进行导入，为学生创设一个良好的学习环境，充分调动学生思维的积极性和主动性。课件展示：唐僧师徒四人出现在一处荒草丛生的大路上，被火辣辣的太阳晒得口干舌燥。此时，悟空蹦蹦跳跳来到师傅面前说："师傅，天太热了，口干得很，我去找点东西来解渴。"说完吩咐八戒和沙僧看好师傅。一个筋斗就不见了。不一会儿，孙悟空抱着一个又大又圆的西瓜回来，说："师傅和沙僧吃西瓜的 1/4，八戒吃西瓜的 1/3，我吃西瓜的 1/6。"八戒一听就立刻瞪起眼睛，很不高兴地说："好个猴哥，你明知我的肚皮大，吃得多，却分给我的最少，你自己却吃得最多！"话音刚落，悟空便哈哈大笑道："好一个呆子！"到此，教师抓住时机提出问题："悟空为什么叫八戒呆子？"由于同学们都被生动的画面、富有个性的人物对话所吸引，每个情节仿佛历历在目，老师一提出问题，同学们便争着回答："八戒不知道自己分得最多，他真傻！""他也真呆，自己分得最多还怨别人！"等等。教师紧接着追问："八戒为什么不知道自己分得最多呢？你能帮他进行大小比较吗？"此时学生跃跃欲试，欲罢不能，教师再趁机而入，因势利导。这种新颖有趣的导入教学方式，唤起了学生的求知欲望，点燃了学生的思维火花，为学生学习新的知识铺设了一条平坦大道，激发了他们参与的热情，焕发了他们继续学习的兴趣。

二、智创情景，发掘需要

孔子曾说过："知之者不如好之者，好之者不如乐之者。"小学生的学习带有浓厚的情绪色彩，会对熟悉的生活情境感到亲切，有兴趣。数学课能以学生事例作为背景，创设问题情境，让学生自己从中发现数学问题，将会提高学生学习兴趣，使思维与活动处于积极主动的状态。

如在教学“小数的初步认识”时，教师从学生已有的生活经验出发，创设了一个商店的商品部，出示一些商品和它们的单价，让学生进行购物活动。在活动中，学生根据生活经验读出商品的标价，教师就在轻松愉快的情境中，让学生结合教材进行观察和讨论“这些数的特征?”“这些数又叫什么数?”等问题。这时学习小数已成为学生的自身需要，架起了现实生活与数学学习之间、具体问题与抽象概念之间联系的桥梁，使学生积极地参与、体验，并在已有知识经验的支持下，自主能动地探索，实现数学的再创造。精心创设学习情境，使学生对客观情境获得具体的感受，激起相应的情绪，全身心地投入到学习中去，使他们的潜在能力得到充分发挥，既活跃了课堂气氛，又激发了学习兴趣，真正实现了人人参与，人人会学，感受到学习的乐趣。

三、新奇游戏，促进参与

儿童天性爱玩、爱动，而且注意力集中不持久。在教学过程中，如何让孩子们在学中玩、玩中学，“新、奇、趣”是课堂能够深深吸引儿童的重要因素。将游戏引入课堂，寓教学于游戏中，可以使学生在轻松愉快的学习活动中掌握数学知识。在教学中，我经常设计相关的游戏，如送信、夺红旗、开火车、摘苹果等穿插在课堂教学中。

例如，在学习了“8的乘法口诀”之后，为了帮助学生记住8的乘法口诀，我设计游戏教学是“数螃蟹”：小朋友，快快来，数数螃蟹几条腿。一只螃蟹8条腿，两只螃蟹16条腿，三只螃蟹24条腿……对口令：一人说“一八”，另一人说“得八”。这个对口令练习既可以同桌对，也可以师生对；看数说算式：如教师说32，学生说4乘8等于32、8乘4等于32，这样就能轻松愉快地在游戏中完成学习任务。这些游戏能照顾到点又能覆盖到面，信息反馈及时，学生兴趣盎然，其乐融融。

让童趣走进我们的数学课堂，把数学知识融于学生喜闻乐见的活动之中，可以活跃课堂气氛，让沉闷、枯燥的数学学习变得生动有趣，使学生在"玩"中学，"趣"中练，"乐"中长才干，"赛"中增见识。数学课堂童趣化的教法，让讲台成为舞台、让学生成为演员、让数学课堂充满童趣化，用童趣化教学打造数学高效课堂，使数学教学充满趣味性，也使我们的学生拥有一份美丽而无悔的人生。

（许　靖）

5－2　让孩子们进入学习的最佳状态

学生的学习是一个生动活泼、主动和富有个性的学习过程。兴趣是积极主动地探索事物的心理动机，它能充分调动学习者的感知、记忆、想象、思维等，让学习者进入学习的最佳状态。教学中只有让学生的思维进入了这种最佳境界，才能取得有效的教学效果。

我在实践中认识到，充满童真童趣的课堂教学是深受低年级学生们欢迎的。下面我结合一年级《各人眼中的20》课来谈谈如何让数学课堂充满童真、童趣。

一、导，激学生之兴趣

"好的开头是成功的一半"，精彩的课堂开头不仅能很快地集中学生的注意力，而且还能促使学生感到学习是一种乐趣。开头开得好，就能先声夺人，造成学生渴望追求新知的心理状态，激起他们的学习兴趣，吸引其注意力，就如在平静的湖面上投石，激起一片思维涟漪，产生让学生认真倾听的感染力，能帮助教师顺利地完成教学任务。

图 5－1　两可图

课的一开始，我出示了一张心理学中著名的“两可图”（见下图 5－1），通过对这张图的观察来吸引学生的注意力，激发学生的学习兴趣。在学生观察后，有的学生回答道“我看见了花瓶”，有的回答道“我看见了两个人的头像”。我顺势引出新问题“为什么同一幅画，小朋友看出的图案会不一样呢?”导入多角度思考这一方法，拓展用这一方法可以解决很多数学问题的思路。该活动不仅为今天的研究内容作了铺垫，而且为学生制造了一个悬念，以此激发了学生的求知欲，引发其学习动机。

二、探、引学生之兴趣

在教学过程中，创设情境，能使学生迅速进入最佳学习状态，激发学生的学习兴趣，萌发求知欲望。寓知识于情境之中，不仅吸引学生，也符合学生形象记忆的特点。

在引用了“两可图”之后，我以“奇”激趣，就“各人眼中的 20”的方法开展了趣味探究活动，引导学生用多角度思考来解决数学问题。在探究活动中，我充分利用教具、学具、多媒体等手段为学生提供参与的机会，有意识地创设用眼观察、动手操作、动口表述、动脑思考等环节，让学生在实践中体验知识建构的“操作乐趣”。学生通过摆小圆片来表示 20 各自不同的分法，在摆圆片后，我引导同学们各自开动脑筋，在组内表达自己的观点，有的说“5 个一份，有 4 份，可以看成 4 个 5”，有的说“4 个一份，有 5 份，可以看成 5 个 4”。还有一位同学说“10 个一份，有 2 份，可以看成 2 个 10；2 个一份，有 10 份，可以看成 10 个 2”。在学生们纷纷表达了自己的观点后，我引导学生观察得出相同的加数连加可以用几个几来表示，并在探究中分辨了 4 个 5 和 5 个 4，结合图示，让学生真正理解一份几个，有几份，就表示几个几，为以后学习乘法的意义打下了扎实的基础。

三、拓、创学生之兴趣

激发学生的学习动机，培养学生创造性思维的能力，可以使学生体验到进行创造思维的欢乐，激发起思考和探求的热情。

在练习的设计中，我采用了一题多变（解）的激趣方法，设计了“对对碰”游戏。在练习中进行了一组基础训练后，我又在 3 + 3 + 3 + 3 的后面写上了 + 6，启发学生能不能用几个几来表示。在讨论交流中，学生浮现出各种不同的想法，碰撞出各种智慧火花。这样的训练不仅能培养学生思维的准确性和灵活性，克服思维定势带来的消极影响，还能使学生从变题解题的过程中体验到数巧变生趣。

总之，兴趣是学生学习自觉性和积极性的核心因素，是最直接、最活跃的学习动力。在课堂教学活动过程中，教师要以学生为主体，致力于激发学生在学习过程中的兴趣，把学生引向他们的“最近发展区”，使他们的思维始终处于积极活跃的状态，让他们在趣味学习的过程中，既长知识，又长智慧，进一步提高课堂学习效率。

（秦　笑）

5－3　让课堂教学趣味盎然有诀窍

著名心理学家皮亚杰认为，兴趣是能量的调节者，它的加入触发了储存在学生内心的能量，使学生产生了学习兴趣。活泼好动是小学低段儿童的天性，如果老师把童真童趣融入课堂，使学习变得轻松愉快，就可以使儿童保持强烈的好奇心和旺盛的求知欲，让他们在广阔的空间里学语文、用语文、丰富知识、提高能力。

相对其他学科教学，小学语文教学则更具形象性、情境性和兴趣性的优势，教师若能利用唱唱、画画、演演、说说等孩子们喜爱的活动方式，营造良好的课堂氛围，学生就会深受气氛的感染，从而高效学习。

一、“伴乐”学习乐趣多

音乐是人类最形象的语言。恰当地运用音乐，创设良好的课堂教学情境，可以达到“随风潜入夜，润物细无声”的效果。在语文课堂教学中，有的课文适当配上音乐，使作者、教师、学生三者的情感融为一体，对培养学生语感，理解文章内涵，起到极佳效果。

如在《春的消息》这篇描写春天的诗歌的课文学习中，为了让学生更好地感受春的色彩，我先用课件演示春风吹绿枝条，小鸟换上新装，雏菊朵朵开放，溪流融化奔腾的情景；然后插入导语“春带来了哪些消息？让老师和大家一起找找吧”；接着播放音乐《春天在哪里》，教师范读课文。此时学生在视觉上的感受是美丽的山水画卷，听觉上的感受是优美的音乐和入情的范读，因此他们完全陶醉于春天秀美的景色中。所以在低年级的语文教学中如能结合不同的教学内容和语言文字训练的要求，插放一些乐曲、歌曲，或学生演唱，或教师伴奏，或师生吟唱，或配乐范读。学生的学习，就如同欣赏音乐一样轻松愉快，这样的学习他们自然学得快乐。而这正迎合了学生喜好，符合儿童身心特点。

二、巧手绘画趣意浓

阅读课文比较枯燥，有时理解起来较难。在这类课文的学习中，老师可以扬长避短，充分发挥学生的想象力，请学生阅读课文，把自己理解的内容画下来。既发展了儿童的形象思维和创新思维，同时又减轻了他们学习的负担。

在语言文字训练中适当地运用画画这种方法，化枯燥无味的说教为具体可感受的形象，学生自己动手动脑，往往可以取得事半功倍的效果。如在学习《咏柳》这首古诗时，在学生理解诗意之后，我让他们运用手中的彩笔，将诗中所描绘的美景画下来。很快，花草繁盛，千里莺啼，春风杨柳，令人陶醉的春景跃然纸上，更难得的是有的学生还呈现出了儿童放学归来，三五成群，迎着春风，放飞风筝的场景。这其实也是学生放飞自己的快乐和希望的一种表现。绘画之后我汇集了所有学生创作的作品，互相展示，并请他们根据诗意议议、评评、比比，看谁画得最好。在领悟、绘画、评议中，孩子们从浓浓的趣意中主动求知，读懂了诗句，了解了诗人赞美生活，赞美春天的情感，更加深了对诗文的理解。所以这样以读书为基础，读读画画、画画想想的方式，可以让学生学得轻松，师生之间其乐融融。

三、角色扮演趣意深

小学生活泼好动，对于那些内容有趣、情节生动、人物形象鲜明的儿童文学作品，低年级学生往往表现出极大兴趣，乐于表现自我。由于他们是用形象、色彩、声音来思维的，遵循儿童这一特点，让学生充当故事中的主人公，创设故事情境，可以激发学生迸发出智慧的火花，打开思维之门，使他们能在快乐而有创造性的氛围中学习。

课堂表演能够促进儿童的创新思维，让孩子们愉快地投入到课文所描绘的情景中去。课堂表演又将抽象的文字变换成生动活泼的艺术形象，小学生如同身临其境一般，能真切地体会到作品语言文字所表达的情感。如在学习《起死回生》一文时，我让学生戴上头饰，扮演不同的角色。通过学生自己的排练，加上生动的对话和精彩的表演，神医扁鹊、死而复生的太子、由衷敬佩扁鹊医术的国王和门口的护卫这几个鲜明的艺术形象生动地再现出来，文章要表达的中心也不言而喻。"演员们"演得逼真，"观众们"看得认真，效果当然更好了。

小学语文教材中的课文,大多贴近生活实际,要理解、读懂它们并不难,难点在于如何通过生动形象的语言文字让学生体会其中的思想内涵。如果采用课堂表演的形式来体会课文的意境和感情,则可以达到事半功倍的效果。

如果语文课堂教学是"一盘珍珠",教学方法就是"一根线",教师用心去穿好这一串"珍珠",课堂教学便会成为鲜艳夺目的装饰品。低年级学生喜欢生动、有趣的内容,爱听、爱看、爱说,只要教师根据儿童活泼好动的天性,营造充满天真童趣的课堂氛围,充分调动学生的各种感官,激发学习兴趣,使他们在轻松、和谐、愉快的环境中,积极主动地参与语言文字训练活动,就能使学生在广阔的空间里学语文、用语文、丰富知识,提高能力。

(王佳莉)

5-4　课堂,童趣盎然的乐园

著名特级教师李镇西在《做最好的老师》一书中写道:"保持一颗童心,就要善于把自己变成一个儿童,这是我们教师的基本素养,也是我们教师对儿童产生真诚情感的心理基础。"尽管我们的年龄与儿童的年龄存在着一定的差距,很多问题都成人化,但因为我们教育的对象是天真烂漫的儿童,我们要深入了解儿童,持有童心,才能走进童心,解读童心,呵护童心。我们应该利用童心精选儿童感兴趣的和符合儿童年龄特点的教学内容,精选富有童心的教学手段和方法,从而把课堂变为童趣盎然的乐园。

一、走近童心的世界

语言是交际的工具。英语的教学时空必须由课内延伸到课外,把学习迁移拓展到我们的生活中,进入儿童的世界。教师不应该照本宣科,脱离情境教学,而应该模拟儿童身边的情境,让他们在情境中演绎,在情境中运用所学,激发他们的思维,让课堂活起来,让儿童活起来,让他们主动去感知情境世界,从而身临其境地学习语言。

例如,我在执教 2BM2U1 Things I like doing 这一单元时,我仔细钻研牛津教材的各个板块内容,并知晓了孩子们对“爱丽丝仙境”这部动画片非常熟悉,也非常喜爱的心理特点。我围绕本单元的重点词汇 skate,skip,hop, ride a bicycle 和句型“like + 动词 ing”,将本单元的主题确定为 Wonderland 情境。同时根据这四个动作短语确定了以 dog, chick, rabbit, monkey 四种动物作为本单元的主人公。同时还根据知识点的难易程度,确定了 Animals in Wonderland 和 Make friends in Wonderland 两个话题。在教授这个单元时,呈现给孩子们的总是 Wonderland,孩子们感觉自己仿佛进入了 Wonderland 情境,他们在学习这个单元时兴致盎然,语言内容掌握得也很轻松。

二、做回童心的自己

儿童能高效集中注意力的时间非常短暂,在课堂教学 35 分钟里,教师如何充分调动儿童的学习积极性,显得极其重要。为了使每位孩子真正参与课堂,我倡导孩子们通过听听、说说、唱唱、做做等诸多方式,使他们的眼、耳、脑、手等各个器官动起来,从而使原本静态的课堂转变为动态的课堂,把枯燥的知识文字转化为动感的形象,让英语课堂动感十足。

例如,在 3BM3U3Seasons 这一课时,我采用了书信、视频、音乐、歌谣、对话等众多教学手段,充分调动了学生的眼睛、耳朵、手、嘴巴、脑等各种器官,把原本静态的上海春天与夏天的文本内容变成激活的动态课堂。

首先,在导入环节创设了 Alice 给她的澳大利亚好朋友 Jenny 写信的情境,书信的内容为上海的春天和夏天(Spring and summer in Shanghai)。当孩子们看到 Alice 的信时，他们的眼前一亮。因为这是我给班级同学第一次上英语书信课，而且书信对方为外国小朋友。这时，班级小朋友个个心中蠢蠢欲动，眼睛泛着光，对本节课产生了较大的期待。

同时，为了帮助孩子们更好地了解上海的春天，当讲到新授知识点植物生长过程时，我播放了一段植物从种子到发芽及长叶的视频，从而引出新授短语 grow and grow，孩子们从这个视频中很清晰地理解了这个短语的含义。

在课堂上，若眼睛的功能是认真看老师所呈现的内容，那么耳朵的用处则在于认真倾听教学所呈现的内容。在这节课中，我经常让孩子们带着问题倾听 Alice 描述上海春天和夏天的文本内容。他们不仅在倾听文本的过程中培养语感，主要还在于获取相关信息。此外，为了巩固春天和夏天的文本内容，我还要求孩子们根据图片或关键词以儿歌的形式说一说“你眼中的上海春天和夏天”。

课堂上的“动”是应然状态。只有当儿童的眼睛、耳朵、手、嘴巴、脑等各种器官动起来时，我们的英语课堂才能真正变得动感十足，才能真正体会孩子的天真与烂漫。“动感的课堂”，犹如跳动的音符，深深地吸引孩子们的课堂注意力，让他们全身心投入课堂，让英语课堂真正焕发生命活力，从而使孩子们乐于学英语，感受英语学习给他们带来的无限快乐。

三、诉说童心的语言

英文诗歌形式多样，种类繁多，被称为“活在孩子们口头上的英语文学”。同时，儿歌是小学阶段应用最多的一种诗歌形式。因为儿歌具有很强的韵律感，能满足儿童听觉上的需要。儿歌的对象是儿童，我们在创作儿歌时，注意儿歌的选词和用词一定要符合儿童的理解能力和心理特点。儿童在欣赏和吟唱儿歌的过程中，通过动手演演、动口说说的趣味活动达到趣味学习语言的目的。

例如，我在执教 3BM3U3Seasons 这一课时，为了帮助儿童巩固 plant a tree 和

have a picnic 这两个新授短语，我创编了两首朗朗上口的儿歌，并鼓励他们跟随优美的音乐边拍手边朗读。儿童不仅可以巩固所学知识，而且还可以培养良好的英语语感，缓解课堂紧张引起的身体疲劳，获得听觉的享受。儿童的注意力在阵阵的掌声与美妙的歌谣声中高度集中，学习氛围极其浓厚，学习效果比较良好。

Plant a tree

In spring, I can plant a tree.
I can plant a tree in the park.
I can plant a tree in the school.
I can plant a tree at home.
I can plant a tree in the garden.

Have a picnic

Have a picnic, have a picnic.
Have a picnic with my friends.
Have a picnic with my family.
Happy, happy. We are happy.

小学英语的主旨是让学生快乐学习英语。我们在课堂上应努力创设具有一定感情色彩的、形象生动的场景，让儿童的各种感官在课堂上尽可能动起来，同时引导儿童在情境中体验语言，用优美的语言打动孩子的心灵，从而使他们的语言能力和心理机能都得到相应发展。童趣的课堂，"以玩促学，寓趣于教"，让儿童在课堂上做回自己，从而使英语学习达到"Learning is fun"的境界。

（曾慧芳）

5-5 童心“染绿”课堂

“童心者，真心也。”在小学语文课堂中，如果教师能真心地为孩子着想，真诚地为儿童的未来谋划，让自己与孩子的童心共鸣，那么我们的语文课堂就能徜徉在美好、绿色的童心、童趣之中。

要在课堂中把握童心，需要教师充分利用和调动学生的童心，采取一系列符合儿童身心特点和审美情趣的教学行为，来感染、激发孩子们学习的动机和兴趣。让每一个学生在语文学习中树立主动发展的信念，进而影响学伴形成积极主动协助的态度，让课堂充满生命力，让学生焕发出灿烂的生命力。

在我的实践中，主要采取一系列教学手段来感染、激发学生学习的兴趣与动机，实施“童心教学”的中心环节。主要从以下几个方面进行：

一、创设情境，调动儿童感官刺激

叶圣陶曾说：“作者胸有境，入境属于亲。”教学中，只有使儿童进入了文章所描绘的美好境界，才能给人以美的享受，发展爱美的情趣。教师要善于创设情境引导学生对意境的美有所发现，有所领悟。

五年级第一学期第31课《桂林山水》，课程资源丰富，图文并茂，文质兼美，融语言、意境、情感教育于一体。我在课堂上，首先运用多媒体创设情境，引导学生欣赏画面。学生视觉感受是美的画面，听觉、运动觉感受的是和谐优美的乐曲，音乐的旋律丰富了视觉的感受。在这优美的情境中，让孩子们初步感受桂林山水之美，为深入理解文章之美铺路搭桥。在此基础上，引导学生熟读深思，深入了解漓江水静、清、绿和桂林山奇、秀、险的特点，并补充介绍桂林山水的相关知识和传说。随着教学的进程，学生入情入景，仿佛来到了山水一色的桂林，把学生带入了"舟行碧波上，人在画中游"的美妙意境中。最后，播放音乐，引导学生美读课文，畅谈感受。在这样的课堂上，学生不仅多感官地领略了桂林山水之美，同时培养了他们爱美的情趣和审美的能力，也激发了他们对祖国山河的无限热爱和赞美。

二、激活经验，体验儿童生活共鸣

"温故而知新"，儿童新的认知情感体验总是建立在已有的认知和情感之上。体会作者思想感情必须激活学生原有的生活体验，也就是让学生把心放到文章中去，仿佛自己就是其中一员，身临其境地去想、去读。在五年级第一学期第14课《开国大典》教学环节设计上，我为了激发学生对开国典礼的情感体验，感悟毛主席升起第一面五星红旗时激动人心的情感，我让学生说一说每周一升旗仪式上他们的感受或聊聊去北京旅游观看天安门升旗仪式的感受，回味后畅读第七、八自然段。这时学生纷纷举起小手表达自己溢于言表的激动、自豪之情："老师，我当升旗手时心潮澎湃！""老师，北京天安门广场上的升国旗仪式令人终生难忘！"……

尽管学生的感悟深浅不同，但只要进入课文的诗情画意中，必然会产生不同程度的共鸣，从而激发孩子们的学习乐趣。

三、智慧评价，点燃儿童兴趣火花

教学《晏子使楚》时，班上一个孩子的表现引起了我的注意。这个孩子根据课文内容一边读一边摇头晃脑，做着各种各样的动作。那丰富的表情动作，惟妙惟肖的语调别提多美了。于是，我对全班孩子说："刚才老师发现了小丁同学，他一边读一边做动作，表情丰富，读得可美啦，我们给他鼓掌一起欣赏一下吧！"听了我的话，被赏识的小丁同学读得更带劲了，其他同学也模仿着兴趣盎然地读开了：有的声情并茂，摇头晃脑；有的边读边做动作表达自己对课文的感受；还有的竟站起来朗读……课堂的学习氛围更加热烈了。

让“童心染绿课堂”，就是要求我们教师在语文课堂教学中大胆实践，理解童心，亲近童真，珍惜童趣，尊重儿童，把童心童趣融入课堂，使语文课堂充满生命活力，使学习变得轻松愉快。

（陶　怡）

5-6　趣爬花果山

小学体育日渐呈现出丰富多彩、争奇斗艳的景象，如何提高课堂教学效率成为众多教师渴望获解的困惑。我们作为体育教师也在为如何培养小学生学习体育的兴趣，提高其学习能力，进而提高体育课堂教学效率寻求与探索着新的教学方式与方法。

一、趣语言，巧导课

兴趣是学生学习的重要动力，也是变“厌学”为“乐学”的关键。如何导入新课是一堂课成功与否的重要环节。我根据学生的生理和心理特点以及体育教材的特点，采取课前语言引趣，挖掘教材非智力因素，以精心设计“开场白”的方式导入新课。

我们可以利用他们的“童心”进行角色扮演教学法。在体育游戏中让他们扮演一定的游戏角色，使游戏有一定的情境性，充分调动学生的积极性，提高学习热情，促使他们通过自己的努力，完成集体对自己所承担的角色的期望，得到同伴的喝彩和教师的表扬，得到自我肯定，从而让他们对该运动产生兴趣。如"运球接力"、"看谁传得快"等活动。从心理学角度来说，经常得到表扬有助于培养个体的自信心，使内向孩子的性格变得开朗，豁达，使他们养成善于与人相处的性格特征。对活泼调皮的学生，通过在群体活动中犯规受到的指责来修正他们的行为，自然养成有秩序，守纪律的作风。同时对他们的出色表现教师应及时给予表扬。

低年级学生对教师有一种特殊的依赖和信任，我以"童趣""童语""童行"导教导行，帮助他们产生学习兴趣，保持良好的注意力，从而主动、积极地进行锻炼，变"要我学"为"我要学"，做到从心理上主动进行运动"减负"。例如刚入学的一年级儿童在初学集合排队时会互相拥挤、找不到自己的位置，甚至因为着急而乱说乱叫。针对这一现象，我把学生四路纵队分别编成"小鸭子队"、"小黄狗队"、"小白兔队"和"小花猫队"，并给每位同学都编好号码，这样一来，儿童从心理上变得乐意接受。再集合的时候，当我说"比比看哪一队的小动物能最先找到自己的家"并辅以期待和鼓励的表情以及语言提示，使儿童进入角色，逐渐养成良好的习惯。

二、趣游戏，促注意

在小学体育教学中很好地运用游戏教材，充分发挥游戏教材的教育因素，对完成体育教学任务有着重要的意义和作用。游戏具有趣味性和竞争性，对小学生有较大的吸引力，而体育游戏是小学生喜爱的体育活动之一。体育教师应适当地采用游戏的方法进行教学，在课的开始和结束阶段，采用游戏集中学生注意力，调动学生积极性。

小学阶段儿童的生理、心理特点是兴奋占优势，抑制能力差，注意力不易集中，单调的练习容易产生疲劳。因此，教学要变换游戏方法，加深形象化教学，使每一个游戏都能吸引住学生。如何通过游戏提高小学生对体育学习的兴趣，是小学生体育教学中一个十分重要的问题。

三、多方法,共参与

新奇的刺激是提高学生学习的有效方法。在体育教学中,不断创造性地运用新颖灵活的教学方法,加上富于变化的体育教学组织形式和手段,在课堂上适度给学生“自主权”和“自由度”,让他们动脑筋,边想边练,去尝试、体验,并与同伴切磋琢磨,互相交流,逐渐由不会到会,由不熟练到熟练。

例如,上小学三年级课,内容是身体基本活动和武术。我将过花桩、独木桥、爬竿、过软梯等与武术中的拳术、棍术组合起来,编成“上花果山”的故事情节,让学生边学边练,边唱边模仿,使学生们在想象中既学会了动作,又体验了克服困难的精神,让学习充满乐趣。经常做同一种游戏,小学生会感到乏味和厌倦。所以,可利用儿童好奇、好新、好胜的心理,为游戏内容取一些富有童趣的名字。又例如:利用垒球作“炮弹”,设计模拟“敌人”的目标,让学生对准目标,奋勇歼“敌”,训练结束比“战绩”。学生在这种“战斗”情境中,始终保持高昂的情绪,既寓教于乐,也发展了投掷能力。

童心是孩子检验教师的试金石,是师生之间感情沟通的桥梁。教师要以童心与孩子交往,以童心洞悉孩子的内心世界,以童心审视教材,以童心设计教学活动。用孩子的眼光看,用孩子的耳朵听,用孩子的大脑去思考,用孩子的兴趣去选择。只有这样,才能做到“亲其师,信其道”。在体育教学中,无论从哪方面出发采用什么样的方法策略,我们都要注重细节,以身作则,多鼓励表扬学生,用教师身上特有的关心和细腻来关注每一位学生,从而提高小学体育课堂教学效率,努力营造富有童趣的体育课堂。

(陈　都)

5-7 为课堂插上童趣的翅膀

对于小学生来说，学习汉语母语的同时学习英语第二语言有一定的难度，但是小学生善于模仿、态度自然、乐于参加活动，这是他们学习英语的有利条件。与此同时，提高孩子们英语学习的兴趣也是学好英语的关键之一。

想要让孩子对英语感兴趣，最普遍、最有效的方式就是在教学中引入歌曲或歌谣。在教学中教师利用富有特色的英语儿歌，带给孩子们一个活泼愉快、宽松和谐的语言氛围，可以使教学收到更佳的效果。各种形式的英语儿歌需要通过有效的教学方法来加以实施，让学生参与各种丰富多彩的活动，在与人、物、环境、材料等交互作用的过程中学习英语，发展听说的能力。

一、创设多情境，营造童趣

英语儿歌通过情境进行教学和操练，让孩子有兴趣主动地学习并学会迁移到不同的情境中去。

一种是利用自然环境，创设游戏情境。丰富多彩的自然界是孩子们学习英语儿歌的活"教材"。例如，教授英语儿歌《sky》：天空 sky 云飘来，云儿 cloud 去看海，广阔的大海名叫 sea，要学大海的宽胸怀……通过使学生置身于熟悉的自然环境学习英语词语。还可以利用角色扮演，创造模拟情境，通过表情、动作来理解和表达所学的内容。如儿歌《Traffic lights》："Red，yellow and green，the traffic lights are seen. Red Red Red，Red means stop. Green Green Green ，Green means go. Yellow Yellow Yellow，Yellow means wait."根据儿歌内容还可以让学生分别扮演交通警察和汽车司机，以满足学生模仿的乐趣。

与此同时，所有事物都不是一成不变的，一首英语歌谣也是如此。当孩子们学会唱一首歌谣时，教师应当鼓励他们大胆地用过去已学的相关词来替换原有的歌词。例如，在教颜色单词时，鼓励他们把其他的颜色也编进这首儿歌，让孩子们互相讨论。这样既巩固了以往所学知识，使他们受到了成功的愉悦，减轻了学生的学习负担，又使学生通过想象脱离直接感知而达到提高思维能力的目的。

二、多通道活动，增加乐趣

运用多种感觉器官参与活动。用耳听、用眼看、用鼻子闻、用手摸，让学生在这些过程中学习英语儿歌。如儿歌《I love apple》："Apple round, apple red. Apple juicy, apple sweet. Apple apple, I love you. Apple sweet I like to eat."在学习这首儿歌时，教师可提供红红的大苹果，让学生观察苹果的形状、颜色，尝一尝苹果的味道，画一画苹果的形状，学生在动口、动手、动脑的综合性活动中获得了英语学习的经验。

三、全身反应法，激发兴趣

"听——做动作"是全身反应法最明显的特征。在这一方法中，教授的语言多以祈使句为主，充分利用了孩子们活泼好动的特点，能激发学生的兴趣。例如"Touch your head. Touch your leg. Touch your foot and your shoulder……"让孩子们随着歌谣做动作，既复习身体部位的单词，又培养他们愉快的学习情绪，提高学习的效率。在学习"Where does it live?"这一句型时，用这样一首歌谣"Where does a fish live? In a river. Where does a panda live? In a forest……"通过充满韵律的歌谣，再加上适当的动作后，他们对句型的掌握程度明显增强了。在教学中鼓励孩子大胆学、唱、做，可以减轻他们对句子记忆难的心理负担，而实际当他们能唱这首歌谣时，他们的无意识记忆已把句子记牢了。

对于非母语的学习，如果光有课本内容配以单调的一教一学的形式，孩子很难从心底接受英语。因此，除了课堂教授外，更需要进行多种形式的练习作为学习的有力补充。儿歌教学这种方式，不仅能吸引孩子们的注意，而且能极大地引发他们对英语的兴趣，为教师开展课内外英语活动提供了有效帮助。同时朗朗上口的儿歌，也为英语课堂插上了童趣的翅膀，将学生深深地吸引在了课堂之中。

（叶季红）

5-8 跳出"井底"趣学习

著名教育家陶行知先生说："学生有了兴趣，就会用全副精神去做事，学与乐不可分。"小学低年级的孩子天真活泼，童趣横生。教师应该根据低年级孩子的年龄、身心特点及认知水平，设计出孩子喜欢的作业，让低年级语文作业充满童趣，使孩子们享受到作业之乐，从而乐于作业。孩子们喜欢的才是最好的，只有这样，低年级的语文作业才能真正做到有效。

低年级语文教师在设计语文作业时，应该跳出"井底"，以童趣引路，有效地激发孩子们作业的兴趣，精彩就在眼前。

一、奇趣语言巧设计

语文是一门基础工具学科，听、说、读、写训练始终是语文教学的重要任务。无论作业如何千变万化，一定得保证"双基"的有效落实，这与作业的灵活性与多样性并不矛盾。在设计作业时,教师应创造性地“打扮”传统型作业,使每一个字立起来,使每一篇文章活起来,使每一次作业趣起来。

如一年级有一篇课文《坐井观天》,讲述的是一只井里的青蛙自夸自大、目光短浅的故事。我在上完《坐井观天》一课后进行了如下练习设计:

练习一:动手设计题

亲爱的小朋友,青蛙在井底已经住了上百年上千年了,狭窄的井口阻碍了它的视野,使它认为天只有井口那么大。你能帮助青蛙设计一个新的“家”吗?一个宽敞明亮、视野开阔的井?

练习二:口语交际题

有一天,你穿过时间隧道来到青蛙的井底之家,看到青蛙的亲戚朋友你会怎样向青蛙家族介绍外面精彩的世界?

这不同一般的趣味练习吸引了班级中的所有孩子,包括那些不爱做作业的。第二天班上有的学生搜集了大量有关“天”的资料在班级中进行交流;有的向青蛙家族介绍了有趣的世界奇闻;有的把自己身边发生的事和同学进行了交流。这种拓展式的“动口”练习,可以让学生自主大胆地探索相关的未知领域,大胆展示自己的所学、所悟、所感、所获。

二、奇趣想法巧激发

喜欢幻想是儿童的天性,对于低年级学生,那些充满色彩、活动多变、富有刺激的作业更能引起他们的兴趣,促使他们用大部分时间兴致勃勃地完成作业,而且会做得又快又好。还是拿刚才那篇课文为例,我又设计了一个练习。

亲爱的亲戚朋友:

今天,我遇到了一位来自远方的朋友,它告诉我(   )。跟着它我去了田野山洼,去了(   ),去了(   )。我看到了天,天原来是(   ),(   )。我多么希望(   )。

我想对大家说：（　　）。我想对全世界说：（　　）。

一只（　　）的青蛙

（　　）月（　　）日

以这封信的内容作铺垫，加上对文本的解读、多媒体课件的展示，孩子们成功换位，把自己当作那个因客观条件限制长年以来受困于井底，总认为"天只有井口那么大"的青蛙，用平实无华的语言表露了他们内心的真实的感受。如学生在"我多么希望"后的空白之处填写了各自的想法……

想法1：多么希望我的青蛙弟弟、青蛙妹妹、青蛙朋友……所有的青蛙跳出井口来看看这美丽的世界啊！

想法2：多么希望我们家的井口也是无边无际的，那样青蛙们就不会犯和我一样的错误——认为天只有井口那么大！

想法3：多么希望在井底装上一架望远镜，这样我的爷爷奶奶不出家门也能见到无边无际的天！

想法4：多么希望我的家在广阔的草地上，在美丽的池塘边，在风景优美的大公园里。

这些只言片语无不透露出学生的个性，激发其潜能，流露出他们内心的真实感受。他们通过写话这一形式，进一步接触了课文内容，走进了井底青蛙的世界。此举唤起了学生们对井底之蛙的理解，体现了语文教学的人文性。同时这样开放式的练习，不但有效地巩固了课文内容，而且进一步地将书本语言转化为自己的语言。

三、奇趣故事巧解读

设计语文作业时，教师还完全可以和儿童的家庭生活、社会生活和课余活动以及其他各科学习结合起来，构成一个和谐的学习整体。在语文练习中开展趣味语文活动，将字词句段篇的知识和听说读写的能力统一起来。在实施新教材的过程中，我们一定要改变以往那种一味地“死记、死背、死抄”的倾向，让作业闪烁学生智慧的火花，突现各自的特性。

童话《坐井观天》家喻户晓。课文通过生动有趣的对话，给孩子们讲述了一个寓意深刻的故事。课文通过小鸟和青蛙对天的大小的争论，阐明了一个深刻的大道理——看问题、认识事物要全面。鉴于此，长期以来，“井底之蛙”的形象成了一个经典的符号。在课堂上，我们可能会准确无误地给予学生“认识事物要全面，不能做井底之蛙”这样的道德信条，也可能会将注意力集中于小鸟与青蛙的经典对话上，而容易忽视对“青蛙”这一形象内涵的理解和认同，忽视对青蛙内心感受的解读。我曾尝试用自主的作业方式，让学生走进青蛙的井底世界，给予青蛙新的评价，为长久以来青蛙是个“大傻瓜”平反。通过心灵的体验，在练习中学生对故事的独特理解和感悟让我深深地震撼。

语文学习作业的综合和多样，有利于提高学生的综合能力。教师在指导学生练习时，引导学生融情入境，把学语文活动真正延伸到课外活动中去，引导学生在言语实践中发现、探索、揣摩、推想获得学习语文的方法，让学生的个性有了更精彩的施展舞台。

（杭　丽）

表现:“磁性课堂”的评价

在不断创生磁力的课堂中,我们努力寻找鲜活、快乐的元素,全面了解孩子的学习历程,力求把孩子们最闪耀的东西“表现”出来,秀出孩子们的学习态度、学习信心、学习效果……关爱生命成长,为孩子们营造生命化、生本化、多元化、艺术化的评价环境,用富有特色的“磁性尺子”点击孩子心灵的鼠标,以实现每一个孩子在现有基础上的实实在在的发展。

磁性课堂的评价最重要的意图不是为了证明，而是为了改进、激励，是要把孩子们最闪耀的东西“表现”出来。在不断创生磁力的课堂中，我们努力寻找鲜活、快乐的元素，全面了解孩子的学习历程，包括孩子在学习中表现出来的学习态度、学习信心、学习效果等，让它成为师生前进的动力，以实现每一个孩子在现有基础上实实在在的发展。

首先，“根”——磁性课堂的生本化评价。

教师必须走进孩子的经验世界，体会孩子心理，学会用孩子的眼光来观察、体验生活。对不同孩子提出有层次的要求，为每个孩子提供机会，让其创造属于自己的成功，体验收获与自信。

磁性课堂的过程不再是书本知识的简单传递与接受过程，而是知识生成与生长的活动过程。知识是在教师与孩子的生命活动的氛围中传播的，学科教材中的非生命体知识也只有到了教学中的生命体的主体身上，才有可能被激活，才能产生知识生成的新的生长点。因而，课堂学习评价，也只有落实到孩子的主体表现上，才能充分发挥评价的效益，促进知识的生成与生长。

要关注全体孩子主体作用的发挥。磁性课堂的评价应突出关注全体儿童的全面发展，使每个儿童都能从评价中获得激励，获得进步的动力，获得帮助，提高儿童的主体意识和主体行为能力。对基础薄弱的孩子，让他表现出敢读、爱说。基础薄弱生在课堂上常处于不参与或被动参与的状态，其原因主要是缺少参与学习的基础学力，存在着自卑和依赖心理。为吸引孩子，在教学中，教师就必须根据不同的教学对象，采用不同的评价方式。对基础好的孩子，让他表现出敢于挑战和创新。心理学家认为，孩子长期处于满足状态，会失去进取心、探索欲，而优秀儿童最容易处于这种状态。因此，教师的评价要激励其创新，鼓励儿童不唯师，不唯书，只唯实。

要秀出孩子的内心表现。孩子在课堂上的学习行为特征是其主体作用发挥的外在表现。通过观察孩子在课堂上的参与状态、交往状态、思维状态等学习行为特征，运用评价的艺术，通过发现、选择、重组等多种综合活动，秀出孩子真实的内心表现，并及时予以调控，促进孩子积极主动地运用自身的智慧，调动自己的经验、意向和创造力，生成具有自身个性品质特征的知识，提升学习水平，激发学习兴趣，促进思维发展。

其次，"魂"——磁性课堂的生命化评价。

在磁性课堂中知识的学习已不再仅仅拘泥于认知范畴，它已扩展到情感、人格等领域，体现孩子在课堂教学活动中的生命价值。为了实现这一理念，教师必须尊重每一个孩子做人的尊严和价值，关注每一个孩子的进步，鼓励他们克服困难，支持他们开拓创新，宽容孩子的个性，理解孩子的苦恼，善待孩子的不足。例如对调皮生的课堂评价改革，从尊重学生的个性、激励学生创新做起；对于孩子在课堂教学中的奇思妙想，甚至不着边际的想法，都能给予恰如其分的评价。由于教师把每位孩子都视为一个有尊严有价值的独特的生命个体，真心关爱，善意宽容每一个孩子的个性，才能使所有的孩子都能在温馨的课堂里倾吐心灵的声音，无拘无束地享受着生命成长的快乐。

再次，"境"——磁性课堂的多元化评价。

心理学家加德纳教授认为人类的智力是多元的，包含了九种基本智力：言语/语言智力、逻辑/数理智力、视觉/空间智力、音乐/节奏智力、身体/运动智力、人际交往智力、自我反省智力、自然视察者智力和存在智力。我们可以借鉴多元智力理论构建磁性课堂评价的广阔意境。

在评价内容上追求广角多元。在教学过程中，孩子以多种方式参与活动。教师应充分关注孩子，并对其表现出的综合素质（多元智力潜能），包括认知基础、学习兴趣、情感体验、实验能力、创新精神等给予积极的评价，既要重视"知识与技能"的评价，又要关注"过程与方法"、"情感与态度"的评价。

在评价策略上倡导多样融合。单一的评价方式无法满足孩子鲜活的个性。磁性课堂教学评价应是多种评价方式的有机融合：教师评价与学生评价相结合，以学生评价为主；统一性评价与分层评价相结合，以分层评价为主；批评性评价和激励性评价相结合，以激励性评价为主；单一性与多样性评价相结合，以多样性评价为主；结论性评价与建议性评价相结合，以建议性评价为主；即时性评价与延时性评价相结合，以延时性评价为主等。

在评价主体上实现双向互动。对孩子的评价不是教师的绝对权利，除老师评价外，还组织学生开展自评、小组评。例如平时实验、探究过程中，都是以二人小组或四人小组开展的，小组成员之间互相了解情况，互评相对比较客观，除自评外，还可进行小组互评，并说明为什么这样评，使学生及时了解自己的学习情况，看到自己所学的知识在实际中应用的成效，解答问题的正确与否，找出自己的优点、缺点等等。目的是让学生在评价的过程中学会正确对待自我，学会欣赏别人，取长补短，相互促进，共同提高。同时，可以培养学生的评价意识和能力，培养探索问题、发散思维的能力与语言表达能力。

在评价过程中推动动态发展。对于任何一项教学活动来说，学生的学习实际上包括了过程和结果两部分。因此，教师给予学生的评价应该包括学生在学习过程中的表现及最后的收获两部分。多元智力理论认为，我们不仅要关注学习结果，更要重视学生的成长发展过程。因此，将形成性评价与终结性评价进行统合，使评价过程始终处于动态发展之中，从多个角度，以公正的、发展的眼光来评价学生。

最后，“美”——磁性课堂的艺术化评价。

教学是科学，也是艺术。磁性课堂的学习评价需要以艺术化的态度去关爱孩子生命的发展，吸引孩子投入课堂，营造课堂教学评价的美学韵味。

在语言评价方面尽量做到意味深长。课堂教学语言不仅仅能产生愉悦感，而且还能给人以智慧和启迪，产生意味深长的美感效应。因此，富有激励性的、风趣幽默的语言也是评价的首选。通过恰当的语言艺术激励学生，让学生感受学习的魅力。

适时评价以达到春风化雨的意境和效果。课堂教学是一个动态生成的过程，常常会出现一些出乎意料的情况。教师如果能及时捕捉这些片断，通过巧妙的评价处理课堂上的意外，往往会有意外的收获。如课堂教学中，学生提出一些富有创意的问题和独特见解时，老师可在学生的课堂记录本上印上智慧星，并作为期末考的考核依据。如果学生的智慧星积累到一定数量，可到教师处换取一些小礼物。这种人性化的评价方式往往会使师生关系更为融洽。

总之,关爱生命成长,为孩子们营造生本化、多元化、艺术化的评价环境,建构富有特色的"磁性尺子",用"评价"点击孩子心灵的鼠标,充分发挥磁性课堂评价功能,让孩子们在课堂学习中获得可持续性发展,以此来体验成功的快乐,获得进取的力量,这是磁性课堂评价的追寻。

(丁　红)

6-1　评价不再是教师的专利

传统的教育教学中对学生的评价权利,一直紧紧揣在教师手中。因为一方面评价权体现了教师的权威,另一方面,传统教育教学模式中担心评价权的分散会造成课堂主要目标的实施方向出现偏差。随着素质教育的深入,成绩、分数不再是评价学生能力水平的唯一标准,学生的综合能力提升才是衡量学生学业成效的最佳途径。这就创造了条件允许教师自我松绑,把评价权下放,让学生成为课堂评价的主要参与者。瑞二小学磁性课堂的改革,试图让课堂上的评价模式更加多元,更加科学。

一、"把评价权下放"不是一个口号

以往的课堂教学模式,最常用的是教师问,学生答,教师评的方式。对学生的评价,一直是掌控在任课教师手中。就算教师在课堂上设计一些自我评价和互评环节,但是受到课时、环境、纪律等限制,存在很多不健康的现象。主要表现为:学生在课堂上容易轻信"权威"的评价;孩子们的评价内容会有偏向,评价自己优点多,评价他人缺

点多；少年儿童的评价标准更注重效果，容易忽视动机和过程；少年儿童在课堂评价上的标准不客观，容易受到被评价者的学习成绩、班级职务、人际关系等因素的影响；儿童在互评中容易忽略个性的发展和个体间的差异性等。

因此，“把评价权下放”不是一个简单的口号，要真正让评价不再是教师的专利，就必须充分发挥儿童的主体作用，提倡儿童自己给自己评价，以及儿童之间的相互评价，并形成一套科学有效的评价模式，规范和统一评价的标准，关注和结合儿童发展的差异性。这样儿童的自我评价和互评才能发挥它应有的鉴定功能，才能让每一位儿童学会正确地评价自我、认识自我，从而主动地发展自我。

这套课堂评价模式的形成，首先要兼顾学科学习特点，制定最符合学生自评、互评的项目内容。其次可以让学生在适合的时机介入问题设计，创设儿童的立场，更有利于儿童视角的评价操作。最后在评价语言体系上，要提倡学生多关注过程，不要一味盯着结果看。评价的时机也很重要，既要体现评价的即时性，又不能破坏课堂教学的整体连贯性。

以二年级语文课文《爱写诗的小螃蟹》为例，在生字教学环节，完成初识后，可以让学生自己梳理，挑选出容易书写错误的字，在本子（或黑板上）即时练习，并由学生进行口头点评；然后再给予学生修改、完善的时间；最后让学生进行自评和互评（采用星级评价方式）。全程教师只需做好巡视和引导工作，学习成效反而要比教师“一言堂”更有效。

二、从被动接受评价逐步转向主动参与评价

有了课堂教学评价体系的结构设计，并不意味着学生能主动参与评价。要让学生们主动参与评价，必须让评价过程更积极、公正，充满正能量。

被动的评价，被点名的学生会不自觉地摹仿教师日常批评的方式，而不是冷静地分析偏差的原因或指出改正的措施。他们往往会运用对比，把自己与表现好的学生进

行比较,容易把评价偏向于责备,甚至会让个别学生认为自己一无是处,从而失去学习信心。

那么如何形成主动评价呢?习惯的养成是首要的,教师在低年级教学的过程中,要不断地引导学生主动参与评价,引导学生积极发掘他人的闪光点,表扬和肯定善于理解和肯定别人的学生,让儿童之间多一些正确引导,少一些批评责备。这样的评价客观、公正,使学生容易接受,从而能让他们获得继续努力和主动参与评价他人的动力。“小老师”、“某某之星”这类的称号,也容易唤起学生主动评价的意向。

以低年级小学英语教学为例,朗读是掌握英语单词和句型的必要手段。教师会采用多种样式:开火车读、男女生读、按学号读等来调动学生积极性。但是在其他学生读的时候,部分学生会“事不关己”地思想开小差。教师可以在朗读训练前发布任务:邀请其他听的学生做好“小老师”,关注朗读同学的发音,读完以后进行交流。因为中低年级的小学生最喜欢评价别人,所以注意力就容易集中在“倾听”上。

三、加强评价者和被评价者之间的互动

在学习同伴中,要形成积极有效、平等和民主的评价关系。这将有助于被评价者接纳和认同评价结果,促进双方发展。如果被评价者背后的努力、辛苦能够被评价者观察到,可以促使评价者更科学地开展评价。

比如在小学中高年级语文课堂学习中,给课文划分段落,这一直是孩子们语文课堂学习的重点和难点。孩子们会有不同的分段依据和结果,往往依赖于教师的判断和决定。所以在课堂上,将给课文分段设计成为小组讨论的活动,孩子们互相阐述自己分段的理由,看谁能说服对方,最后达成统一的意见。教师在此刻进行巡视、点拨和指导,创设“在小组谈论中,你觉得谁给你的启发最大?”“完成这个任务中,谁让你刮目相看?”等问题,引导孩子们综合考量进行评价。往往这样评价出来的话语,很中肯,容易得到被评价儿童的共鸣。

四、教师要做好正向评价的引导角色

小学生自我评价的独立性还处于发展中，教师的评价方式很容易内化为儿童评价的模板。因此，教师正向的评价行为，对儿童评价行为的形成具有重要的作用。

教师的正向评价有助于孩子们形成积极的评价行为，从而使被评价儿童对学习充满信心，有勇气克服学习中遇到的困难。有时候，教师的负向评价行为在不经意间通过教师的语言，以及动作、情绪、表情、态度等非言语行为表现出来。现在的儿童是非常敏感的，他们能细读出教师行为中内在的评价意味。这种读出来的评价对孩子们心理的影响有时要比言语评价更为微妙、深刻、持久，从而产生巨大的效果。所以，教师应该尽量给予儿童正向的评价，这有助于他们形成积极的评价导向。简单地说，一位多表扬少批评的教师，他所教出来的孩子，更容易关注他人的成功点，从而让自己获取别人的学习经验。

“多一把衡量的尺子，就会多出一批好孩子。”如果我们教师能坚持在课堂上摸索研究，用更科学、多元的方式来引导、评价儿童，坚持“把评价权下放”，相信我们的课堂教学会更有生机，我们的孩子会发展得更美好。

（陶　怡）

6－2　评价是有颜色的

学习语言是一个艰辛的过程，要让孩子们的学习的兴趣和积极性持久地保持下去，关键在于英语教学过程中如何实施评价，以不断鼓励和激发孩子们保持良好的学习激情。若教师的评价能以孩子心理发展的基本规律为依据，符合和满足孩子们的需求与喜好，就一定会激发孩子主动参与学习和评价，接纳和认同评价结果，使评价真正发挥其激励和促进的功能。

一、让评价表"人性化，个性化"

心理学家皮亚杰有句名言："所有智力方面的工作都要依赖于兴趣。"小学生对学习带有明显的情绪色彩，容易感情用事，对喜欢的教师，喜欢学的内容，他们会眼睛发亮，手舞足蹈，全身心地投入。在英语教学中，教师会经常使用评价表，若评价表能吸引学生，让学生爱上它，那么评价本身也会更容易被学生接纳。这点在教学的实践中得到了证实。评价表要吸引学生，一定要符合学生性格的特点，制作得形象、直观和充满色彩。若让学生自己设计和制作，效果会更好。评价表有记录个人表现的个人评价表和记录小组合作学习的小组评价表，制作时，教师只需规定尺寸大小和评价表的基本评价内容，其余的可以让学生自由发挥。

个人评价表充分体现了学生的个性化，给老师一个了解学生的机会，对日常教学也有帮助；小组评价表的制作是全体组员共同参与的过程，也是小组凝聚力形成的过程。一个小组具有强烈的凝聚力，对于英语的学习具有很大的促进作用。有自己喜欢的样式，喜欢的颜色，喜欢的图案，甚至有些评价表上还有自己的组徽和加油打气的激励语句，这样的评价表能不讨人喜欢吗？

二、让评价表"充满趣味性"

小学生对身体各部位的活动感兴趣，喜欢活动身体、动作夸张的活动，喜欢新鲜。如何让评价对学生产生更持久的影响，就是要把评价结果直观化和形象化。在英语教学中简单的"Good""Wonderful"的评价手段已不能满足、吸引学生了。英语教学有自己自身的学科特色，利用这一特点，在英语教学中可结合教学内容、教学活动实施评价。

小组合作学习是英语课堂常常采取的教学活动，评价也可以与小组形式学习结合起来。如在学习动物话题时针对学生对动物的喜爱，可把评价与此话题结合起来。在竞赛获胜的小组，成为森林之王，有权赐予动物身份并管理整个森林的动物。组员们把全班的动物头套收集起来，重新赐予动物身份“You’re a dog. This is for you.”“You’re a monkey.”……教室转眼间成了动物成群的大森林，森林之王发号命令了，“Kangaroos, please jump.”“All the bears dance, please.”……课堂上充满了欢笑，成为森林之王是每个孩子心中的梦想，还有什么比实现梦想更有吸引力呢？哪个小孩子不愿意上英语课呢？这样，欢乐的同时也结合了所学知识，学生能够更自如地运用语言。除了学习动物的话题外，其他一些话题也可进行类似的处理，如 Book Five: Eating Habit 等等。

三、让评价表“形象、直观、充满色彩”

小学生喜欢直观、具体的事物，而且对于自己喜欢的物品会有很强的占有欲，采取的行动会非常直接和迅速，行动的过程非常专注。一张有趣的奖状可以吸引学生全身心地投入到教学活动中。

奖状的制作也非常简便，而且符合环保要求。我们在教学中，常常会画一些图片或收集相关话题的图案，上完课后，很多时候就把图片堆放在一边或随便扔掉，这是一种资源的浪费。事实上，我们可以对这些图片加以利用，制作成一张特别的奖状。例如，在学习食物的话题时，课前发动学生自己画或收集一些食物的图片，教学活动结束后，把班上所有的图片集中起来，给每个小组一张雏形奖状，根据本节课表现依次挑选不同数量的动物贴在雏形奖状上形成最后的奖状。

当然，最后老师千万别忘了正式签名、盖章，确认奖章的合法性。老师认真对待的态度一定会感染学生珍惜自己的努力成果，正确对待奖状内真正的评价结果。奖状贴在墙上会时刻鞭策、鼓励学生要求进步，努力学习。

四、让评价表"分享成功"

分享是体验、回顾、反思自己成功之处和不足之处的过程。小孩子获得成功时，内心是非常渴望与他人分享的，就如种子渴望养料一样。称赞能给学生带来短时间的成就感和自信心，而分享却能把成就感和自信心延续到四十分钟以外，甚至更牢固、更持久。在小学英语评价中进行的分享应该着重于肯定学生获得的成功和建立学习的自信心，也就是进行激励性的分享。

心理学家威廉·詹姆斯有句名言："人性最深刻的原则就是希望别人对自己加以赏识。"所以，当学生获得成功时，我们千万别忘记与其分享、肯定成功，必要时，让其周围的同学、家长一起分享他的成功，使他处于一种被众人认可的境地，成功感得到尽可能大的满足。这样，学生内心因成功感而产生的学习动机才会持久，克服困难的决心与信心才会因此而增强。尤其一直处于班级中下游的学生，与人分享成功的渴望更为强烈。这需要老师不是简单的分享，而是要把积极的鼓励渗透到评价当中，以其点滴的成功为支撑点，通过鼓励性的分享，创造一个崭新的开始。

相信，当我们让孩子将成功分享给大家，得到满足与认可，每一个孩子都不会拒绝追求进步，对于每次的获得都会格外珍惜。他们接纳并认同评价的结果，体验进步与成功，获得不断的发展。

（袁　伶）

6-3 此时，无声胜有声

课程改革倡导“立足过程，促进发展”的课程评价，这不仅仅是评价体系的变革，更重要的是评价理念、评价方法与手段以及评价实施过程的转变。新课程更关注学生个体的进步和多方面的发展，强调建立多元主体共同参与的评价制度，重视评价的激励与改进功能。

课堂教学评价的主要内容，包括学生在课堂上师生互动、自主学习，同伴合作中的行为表现、参与热情，情感体验和探究、思考的过程等等，即关注学生是怎么学的。因此新课程提出了“以学论教、教为了促进学”的响亮口号。课堂教学评价具有促进学生成长和老师成长的双重功能。

一、课堂评价需及时，真情实感又恰当

在课堂上，教师要有很强的听辨能力，针对学生的发言能捕捉到关键信息，并能根据学生的参与性学习表现及时进行反馈，准确、客观、恰当地评价学生的闪光点及其存在的问题。

例如在平时的课堂中，我经常针对学生发言的具体情况，分别评价为：“你的想法和我的一样。”“你们小组的思维方式真独特。”“你观察得很仔细，能提出有含金量的问题。”“谁能像××同学这样，把你的想法说给大家听一听，让大家一起分享你的成果？”等评价，比较好地发挥了评价的激励功能。教师充满激励的评价语言能让学生获得不断前进的动力，在自信中走向成功，同时提高了学生参与学习的积极性，主动地思考问题及解决问题，学会与他人一起合作、交流学习中的问题。课堂评价成为教师、学生共

同参与的交互活动。

二、评价语言需幽默，机智巧妙又生动

课堂评价往往需要教师灵活运用教学机智，将预设性语言和随机性语言结合起来，临时调整原先预设的教学流程，巧妙地对学生进行评价。教师的评价语不能太单一，如只说学生回答得好、对、不对等，应富于变化，幽默有趣，有效调动学生的积极情绪，激活课堂气氛。

由于教育对象的多样性，教育情景的不可预测性，教学过程中难免还得使用一些批评性的语言。但问题在于批评性语言要使用恰当，不得当往往会产生消极、对抗的作用。幽默就具有排除消极、对抗的作用，成为温和而不伤感情的批评性语言。如刚过完"十一"长假，学生回来后上课不专心，课堂纪律不好，直接影响课堂教学效果。在这种情况下，可说"今天孩子们真认真啊！看，第一小组保持得最久！"教师用幽默风趣的语言，指出学生存在的问题，唤起学生注意力。若发现学生东张西望，可提醒他"小心！你是不是掉了东西？"如此一来，课堂气氛马上活跃了，学生的注意力自然也就集中了，教师达到了批评的目的，学生又不会反感，可谓两全其美。

风趣幽默的语言使学生在愉悦之中受到潜移默化的影响，能拉近老师与学生的距离，形成良好的课堂氛围。

三、评价方式需多元，此时无声胜有声

课堂上教师对学生的评价，除了要善于用激励性的语言外，还应经常用无声的鼓励，即用表示赞许的目光、微笑的表情、握手的肢体语言等进行评价。例如，学生积极思考时摸一摸他的头，学生有精彩回答时给他一个赞赏的眼神，注意力不集中时，走到

他身旁轻轻拍一下他的肩等。这样可以增强师生间的情感，学生可以体会到老师的爱与关心，从而促进学生主动学习。

记得有一次数学课上，我在教学一位数乘三位数的横式计算过程中，在我说完几个解题方法后，一位同学突然站起来说："老师我还有另外的解法。"同学们都用异样的眼神看着他，因为他的数学是弱项。但我点头表示默许，于是他大胆地走到黑板前写下了自己的另一种解题思路。同学们也都恍然大悟。我什么话也没说，冲他伸出了大拇指，并投去赞赏的眼神。

成功时，老师一个赞赏的眼神；困惑时，老师一次温柔的抚摸；犹豫时，老师一句鼓励的话语，对孩子们来说，都是莫大的激励。学生在教师积极的引导下，从从容容地学习、讨论，踏踏实实地探究、交流，对学习自然而然地产生一种发自内心的热爱，学习也就成了学生自身的需要和快乐的源泉。这种无形的评价力量是任何小红旗、五角星、大红花都无法比拟的。

课堂评价语言虽不是蜂蜜，但可以粘住学生；虽不是磁铁，但可以吸引学生；虽不是号角，但可以鼓舞学生。如何正确使用课堂评价是一门学问，也是一门艺术。有效的课堂评价语言将拉近书本、学生和教师的距离，让学生在课堂上敞开心扉表达自己的想法，在小学数学教育中起到了举足轻重的作用。我们掌握了评价的基本方法，并不说明我们都会评价，还需要在我们与学生的共同成长中锤炼和积累，在真实的课堂学习过程中不断生成，无论是指出缺点还是肯定优点，都是对学生的一种激励。所以我们一定要注意领悟、积累和运用课堂评价语言。课堂因为评价而美丽，因为评价而精彩。

（许　靖）

6－4 评价,课堂的润滑剂

有人说:“教师的语言如钥匙能打开学生心灵的窗户,如火炬能照亮学生的未来,如种子能深埋在学生的心里。”在小学语文课堂上,教师的评价语言尤其重要,它是沟通师生情感、智慧、兴趣、态度的桥梁,对课堂的效果和学生素质的提高会产生潜移默化的影响。教师充满魅力的评价语言会让课堂充满生机,焕发出人文气息,可以使一节语文课锦上添花,更上一层楼。

然而,在现实的课堂教学中,教师的评价语言常常是“是的”、“正确”、“你真棒”、“不错”、“好极了”、“答得很好”、“是吗”等,这些评价语言不仅过于单一、笼统,而且缺乏针对性与激励性。好在哪儿,不足在哪儿,从教师的评价中很难找到答案,更无法让学生从中获得启迪,从而进一步打开思路。可见,在语文课堂教学中,恰当有效地运用评价语言是一种能力,也是一门艺术。下面我就小学语文教师如何有效运用课堂评价语言谈谈自己的看法。

一、教师的评价语言要真诚,具有激励性

多萝茜·洛·诺特尔说过:“如果一个孩子生活在批评之中,他就学会了谴责。如果一个孩子生活在敌意之中,他就学会了争斗……如果一个孩子生活在鼓励之中,他就学会了自信。”《语文课程标准》也要求:“教学评价语言应该充满激励,充满爱心、智慧的牵引,充满人文关怀。”教师的一句激励性语言能拨动学生的心弦,使学生茅塞顿开,是学生学习信心的催化剂。而一句伤害性的语言能使学生消极沮丧,停滞不前。为了让学生品尝到学习的快乐和成功的喜悦,教师在课堂上,应不吝言辞地给予真诚

地鼓励。如对于课堂上的精彩发言，可以给予这样的赞赏：“你的想法很独特，老师都佩服你！”“不错！敢于大胆想象，继续发扬！”“你真是一个知识渊博的孩子，知道的比老师还多啊！”当学生回答问题遇到卡壳时，可以给予这样的鼓励：“别急，再想想，你一定会说好！”“开动你的小脑筋去想，说错了没关系，老师喜欢肯动脑筋的孩子！”这些富有激励性的话语能让孩子体会到老师对他们的殷切希望，从而更加激发学生的学习信心，调动学生思维的积极性。

二、教师的评价语言要准确，具有针对性

课堂教学时间有限，教师不可能对所有学生的表现都进行评价，这就要求教师要善于捕捉学生与众不同的表现、洞察学生思想情绪的变化，有针对性地运用评价语言，以达到“因材施言”的教育效果。曾经听一位三年级的教师在指导学生朗读课文时这样进行评价：“你读得正确、流利，但不够自信，若声音再响亮一点就更好了。”“读课文姿势应大方，别弯着腰驼着背呀！”“这句话读得不够流利，再试一次，老师相信你能读得更好。”“你读得非常响亮，如果速度再放慢些，并掌握语气，一定更好！”这些准确得体的评价语言，客观地指出了学生的长处及存在的缺点，使学生知道了朗读的基本要求：快慢适度、富有节奏、态度大方、语言流畅，同时也明白了只有多练习，朗读水平才会提高。

马卡连柯曾说：“要尽可能地尊重一个人，也要尽可能多地提出坚定明确和公开的要求。”真正意义上的评价语言，就需要教师关注课堂上学生语文学习的状态，给予实事求是地分析，恰如其分地描述；既要肯定学生的成功与进步，又要及时鲜明地指出学生存在的不足与错误，让学生清醒、正确地认识自我，进而主动改进自我，完善自我，促进自身发展。

三、教师的评价语言要风趣，具有幽默性

前苏联著名教育家斯维特洛夫说过：“教育家最主要的，也是第一位的助手是幽

默。"课堂上，学生常常会陷入困境，如读错音、写错字、答错话等，老师的批评只会让学生更加尴尬，甚至无所适从。这时候，教师的幽默评价传达着体谅和关怀，是帮助学生"走出尴尬"的好办法。如：一次在课堂上组织学生听写词语，我请了几位发展水平不一的学生写在黑板上，其中一位学生写"试验"这个词时，在"试"的"斜钩"里多加了一"撇"。我没有批评这位学生，而是笑着对大家说，这一"撇"就如一把刀一样，你拿着一把"刀"随意试，那多危险呀。学生听后开心地笑了，在笑声中也轻松地记住了"试"没有一"撇"。这样的幽默评价既调节了课堂的气氛，又激发学生的兴趣，启迪学生的智慧，让学生在和谐愉悦的氛围中得以发展。所以，教师在课堂上应尽量使自己的评价语言风趣幽默而充满爱心，使整个教学过程达到师生和谐、充满情趣的美好境界。

四、教师的评价语言要丰富，具有多样性

教师在运用口头评价的同时，配以自己丰富的体态语，也会起到"点石成金"的评价效果。老师在课堂上一个亲切的微笑，一个欣赏的眼神，一个诚挚的目光，都会激发学生的情感体验，唤醒学生的注意力，激起学生的学习兴趣，使整个课堂气氛显得活泼、融洽。例如当学生有独特见解时，老师在口头表扬的同时竖起一个大拇指，更能让学生感受到老师对他的赞赏；当学生搞小动作时，老师适时给他一个提醒的眼神或皱眉或微微摇头，就可以让他意识到自己的错误，这比大声的斥责更有效；当学生回答不出或答错问题时，教师给以宽容的一笑，能消除学生的紧张心理，从容地思考问题；当学生声情并茂地朗读完课文时，老师报以热情的掌声，这能让学生感受到巨大的成就感；当学生回答问题非常有趣，引起笑声时，老师也和大家一起笑，会拉近师生间的距离，让学生倍感亲切。从老师这亲切多样的体态语言中，学生感受到了关爱，感受到了赞赏，更感受到那无声的动力，这一切将激励学生不断探索知识殿堂的奥秘。

有一句话这样说："教师充满魅力的课堂评价语言，虽不是蜜，但可以粘住学生；虽

不是磁，但可以吸引学生；虽不是号角，但可以鼓舞学生。”的确，机智幽默的课堂评价语，能创设和谐、融洽的教学氛围；饱含激励的课堂评价语，能激发学生学习的热情；具体丰富的课堂评价语，能提升学生学习的能力。当然，教师充满魅力的课堂评价语言虽产生于即兴，却根植于深厚的教学功底、良好的口语素养和正确的教学观念。因此，我们必须在实践中不断探索总结，丰富自己的语言，努力为教学创造一方真情空间，促进每一个学生全面发展。

（李伟敏）

6-5　评价也能撬起“地球”

阿基米德有句名言：“给我一个支点，我能用杠杆把地球撬起来。”假如我们把这句名言应用到教育，把学生比作需要撬起来的地球，教师的工作比作杠杆，整个教学过程就是一个杠杆系统。这个杠杆的支点就是教师了解学生的心理状态，运用适合学生心理寻求的教育方法。所以，作为教师的我们应该在教学过程中努力寻求一个个的支点，让评价成为有力的杠杆，使得每个学生都能形成自信心和持续发展的能力，从而促进他们积极主动地发展。

心理学家认为：“学习是不断尝试错误的过程。”的确，任何人在学习过程中都会发生这样那样的错误。因此，在对学生进行真诚赞美的同时，善意的否定性评价也是必不可少的。那么，在对学生的学习结果进行否定性评价的时候，该如何有效地保护学生的学习积极性和自信心，找到评价的支点，使否定性评价真正成为发展性评价呢？下面我简单介绍一些自己在工作中的心得体会。

一、否定性评价要尽可能机智

评价是课堂教学中的一种教学手段,机智的评价可以激励学生在课堂上多举手,可以消除学生对回答问题的恐惧心理。记得小时候我读书的那会儿,老师给我们的印象是又严厉又严肃。老师的评价语也很直接,“对”、“错”、“你真笨”、“教了几遍怎么还没有学会,什么脑子”等等。那时,大部分学生看到老师都是想躲得越远越好。而现在想想,孩子的心灵是很脆弱的,如果我们再用这样老套的方法去教育我们的学生,那么,他们想说的话都不敢说了,他们的思维得不到发展,这样对他们的学习和性格形成都没有好处。所以在教学中,我们对评价语有了新的定义:从孩子爱听的话说起。平日里,我们用的最多的评价语言就是:“你好!”“你真棒!”“你朗读的声音真好听!”“你真聪明!”等等。但是,如果有的学生回答的内容与老师答案不符合的时候,该如何对这个学生进行评价呢?怎样的评价是适宜的评价呢?下面我举个小例子:有一次,我为学生上《城镇中的动物》一课。在授课开始时,我先让学生观看一段录像资料,希望通过录像能让学生大概了解城镇中的动物与其他地方动物的区别。学生看完录像后,我又出示了一些图片,请他们说说哪些是城镇中的动物。有个学生回答:“鱼是城镇中的动物。”当时,教室里一片哗然,大家都对他的回答感到好笑。我没有马上批评那个学生没有仔细观看录像,而是提醒那个学生:“你的回答有点问题,你想一想鱼的生活环境离不开什么?”学生答:“水。”我说对了,我又问:“在城镇中鱼适合生存吗?”那个学生立刻发现自己错了,他说:“老师,我说错了。”我说:“没关系,你知道答案了吗?”他说:“我知道鱼是河里、湖里、海洋里的动物。”

通过这件事,我发现机智的否定性评价可以引导学生一种重新接受认识的正确方向,化解了学生在课堂上的尴尬,小心翼翼地保护了学生的心灵。

二、否定性评价语言要尽可能幽默

在教学活动中,幽默是一种艺术,一种语言的调味剂。有了它,许多话都可以让人觉得隽永俊美,醇香甘冽,使整个课堂充盈着个性和生命力。

记得教《常见的化学物质——酸》这个内容的时候,学生对什么是酸性物质不清楚,认为那些吃在嘴里是酸的食物就是酸性物质,例如葡萄、橘子或杏子等。说实在的,原先我也有过这样模糊的概念,认为这些吃在嘴里酸酸的食物就是酸性食物。但是,在教这个内容之前,我特意做了一些功课,在网上查了查资料,才明白酸性食物是指代谢后生成的物质是酸性的。所以,当我在课堂上问及什么是酸性食物的时候,大部分学生的回答都是错误的,我也不意外。当时,我也没有多想,便把概念给学生讲了一遍:酸性物质并不是带有酸味的食品,而是经过人体消化代谢后生成的物质是酸性的食品,这些食品一般含脂肪、糖类较多。但是,大部分的学生还是将信将疑。我就组织学生做实验,用 pH 试纸来测试物质的酸、碱性。课前,我为学生准备了些实验用的材料,例如橘子汁、杏仁汁、酸梅汁、话梅、糖等。学生做完实验后发现有的食物,例如酸梅汁在他们平时看来吃起来很酸,但是测试以后发现不是酸性的食物。等到他们做完实验找到真理以后,我发现这时我说话会更有说服力。于是我说:“你们刚才是不是不相信我讲的话,非常好,说明你们也是很有想法的。不过,在学习自然的过程中,我们有一个优势,就是可以通过一些实验,证明我们的猜想是正确还是错误。现在你们自己找到了结果,老师为你们感到高兴。”接着,我又诙谐地说:“老师的话是必须要听的,你们看问题不能只看表面,一定要深入到内部,要看到物体的本质……”没想到我这句话刚说完,同学们都笑了起来。从此他们便更加喜欢上自然课了。

课堂上无意间的一句话竟然激发起学生对科学的兴趣,可见教师的评价语言对学生的学习态度的影响至关重要。古人云:“亲其师而信其道。”在师生心与心的交流过程中,只要教师对学生怀有一种积极的期望之情,就会加深师生之间的感情,这样每个学生都能比现在做得更好。

实践证明，有效的评价是有力的"杠杆"。着眼于学生的进步和发展，把握好评价的方式和尺度是一个有魅力的老师应该掌握的方法和技能。在教学中，我会不断关注自己评价语言的运用，从而使课堂更加精彩。

（叶家梅）

6-6　即时评价创设积极情感

小学课堂即时评价是指在小学课堂教学中，教师运用语言对学生在课堂上的学习态度、方法、效果等方面进行即兴点评的过程。它能对学生的课堂行为作出即时的反馈，以更好地促进课堂教学。

我尝试在课堂教学中利用即时评价，来助推学生的思维发展，使学生在评价效应的驱使下，变"要我学"为"我要学"，使他们感受到学习的乐趣，具体做法如下：

一、用即时评价创设积极情感，营造和谐、欢快的课堂学习氛围

课堂是生命与生命对话、情感与情感交流的场所。作为教师应该意识到学生是富有情感的鲜活生命，他们都有自己的知识、经验、思考、灵感和兴趣。教师应该通过即时评价创设一种积极情感，营造和谐、欢快的课堂氛围，避免"为评价而评价"，"重结果轻过程"，从而激发起学生学习数学的兴趣和表达的欲望。比如学习《认识分数》时，我提问："把一张圆纸片分成两份，其中一份占 1/2。这句话对吗？"学生有的说对，有的说不对，意见分歧很大。对于学生的意见，我没有简单地给予肯定和否定，而是对双方

都给予鼓励性即时评价，组织学生开展探究、分析、辩论，引导学生讲出自己的观点、说出自己的理由，在富有情趣的竞争、交流过程中，逐渐实现了对知识内涵的全面理解，明确了是否占 1/2 关键要看是否把圆纸片“平均分开”。

二、尊重学生的个体差异，满足每一个学生的成长需求

用即时评价促进全体学生的协调，促使教师正视和尊重学生的个体差异，建立起“只有差异，没有差生”的学生观。在课堂教学即时评价中既面向全体学生，又注重区别对待，分类评价，最大限度地满足每一个学生的发展需要，使不同层次的学生都能得到心理上的满足，体会到成功的喜悦。如在学习《统计与可能性》时，我让学习较差的学生回答问题：“在一个红球和一个黄球的袋子里拿出一个球是红球的可能是多少?”对于中等层次学生给出的问题是：“在 8 个红球和 2 个黄球的袋子里拿一个球，拿出什么颜色的球可能性大?”对于学习优秀的学生则出示较难的问题：“在 5 个红球 3 个蓝球和 2 个黄球的袋子里拿一个球，每种颜色球的可能性各占多少?”在学生对问题的回答中及时给予启发性、鼓励性评价，让学生在丰富、真切感人的评价语言中受到感染，使优秀的学生确立更高的要求和目标，使暂时落后的学生看到希望，树立信心，促使他们通过自己的努力去获得相应的发展，显示“自我”的存在价值，进而实现全体学生的协调发展。

三、把握即时评价的时机，实现即时评价的精确

即时评价是一种瞬时评价，因此评价时机的把握十分重要。教师在课堂教学中要善于发现评价契机，及时捕捉评价的最佳时机，与学生心灵直接对话，促进师生心灵上的沟通。当学生在学习态度、学习习惯、学习方法、学习结果等方面取得点滴进步时，应及时进行激励性评价。当学生对知识理解得不够准确，表达不够完整，问题处理存

在不足时，教师不要急于作出否定性评价，应采用延时评价，根据学生错误所在，补充设问，点拨学生引发思考，使学生经历一个自悟自得的创新过程，实现即时评价的精确和优化，真正发挥即时评价对学生学习的促进作用。如在学习"乘法"时，一个学习成绩较差平时很少发问的同学突然提出："为什么 2+2 与 2×2 相等，而 4+4 与 4×4 却不相等呢？"我立即抓住这一契机，实施激励性评价："你提的问题非常有价值，值得深入研究。你可以自己试一试找出原因，我对你有信心。"并启发引导学生通过画图理解两个算式的意义，发现其中的奥秘。当学生明确了两者差异的缘由，我风趣地评价道："你能用你的聪明才智，帮助我解决了这个问题，我得感谢你啊。"富有针对性的即时评价在学生的心中种下了希望的种子，从此，这个学生像换了个人似的，不仅对数学产生了兴趣，而且课堂上提问也非常有主动性，学习成绩逐渐得到了提高。

总之，以新课程理念为指导，艺术地实施小学课堂教学的即时评价，是活跃课堂气氛的"助推剂"，是学生自主动脑、主动参与课堂教学的"催化剂"。我们要将充满真诚、智慧的即时评价贯穿课堂教学的始终，触摸学生的心灵，燃起学生的信心之火，激发学生灵感的迸发，催生学生的精彩之言，使我们的课堂成为学生自主接受知识、形成能力的快乐殿堂。

（秦　笑）

6－7　因"材"而起的即兴点评

"教育是人与人的细致入微的心灵接触。"恰当的评语可以点亮学生心灵的窗户，点燃学生智慧的火花。成长的小树，需要的是精心的呵护，是春风的温暖和春雨的滋润；学生，是正在成长的孩子，需要的也是春风化雨般的关爱、鼓励，他们非常脆弱，非常在乎我们的评价。精心写下每一条评语，将爱的种子撒下，在孩子的未来定会开出一朵朵美丽的花。

在新课程改革实施的过程中，如何客观地、公正地去评价一个学生的成绩，是相当重要的，尤其是在数学教学中更应该因“材”施评，这样才能更好地激发孩子的学习兴趣和学习积极性，培养良好的学习习惯。

常言道：良言一句三冬暖，恶语一句七月寒。面对课堂这特殊的环境，面对活生生、有个性的学生，他们更希望得到别人的肯定和赏识。教师将怎样去用准、用好评价这把尺子呢？我认为适宜的环境、良好的评价方式、恰当的评价方法都起着举足轻重的作用。

一、根据不同年级营造不同的评价环境

万物生长靠环境，评价也需有适宜的“肥土沃壤”。在小学低年级阶段，教师应有意识地培养学生健康、好学、虚心、向上的品格。

（一）多看别人的优点，会找自己的差距，教学生学会正确评价他人。当他人能独立解决问题后，学生会欣赏他人，祝贺他人；当他人需要帮助时，学生要能给他人鼓励或指导性的话语；当他人犯错误时，学生能给予合理且具有导向性的评价。

（二）培养他们强烈的集体荣誉感。如我是班级一分子，我要为班级争光；我是小组的一员，为小组立功是我的责任。始终坚持班集体的利益高于一切，小组的利益大于个人的利益。

（三）自己要严而有度，选准阶段目标，找准竞争对手，以榜样为楷模，每月进行阶段性的小结，能诚恳、正确、公平、公正地评价自己。要求学生明白：学习不是为了图表现，而是以学懂、学好知识为主。此外，教师要以身作则，持之以恒，潜移默化地影响这个班集体。

二、根据不同的年龄段注重不同的评价方式

评价的目的是为了全面了解学生的学习状况,激发学生的学习热情,促进学生的全面发展。课堂评价的方式也应随时间的推移、学生年龄的不断增长而变换。

课程标准指出:在第一学段,多采用鼓励性语言,第二学段以定性描述为主,第三学段是定性与定量相结合。低年级是培养学生自信心的最佳时期,在低年级教学时我常以“你真行!”“我给自己添红旗”等活动来培养他们的自信心。当某个学生回答问题正确时,其余同学向他竖起大拇指,说:“你真棒,向你学习!”“互相学习,”回答正确的同学补充道。老师还常常奖给他们可爱的小动物图案,或美丽的小花、小星星等小物品。如果学生练习中的题目全部做对,我让他们给自己添面小红旗。可到了中年级时,他们随着年龄的增长,身心和兴趣的变化,不再稀罕你的小动物图案与小物品了,也不再爱听“你真棒”等话语了,更不说这类话语了。对他们的正确回答,我常用诚恳、公正的语言去评价,更多的是用肢体语言去表扬。如一位学生回答对了一道稍难的问题,我会上前去告诉他,你的小脑袋真聪明,我很欣赏你,并伸手爱抚地摸摸他的脑袋。如果他练习或演板做对了题目,我将主动地伸出手与他握手,并有意识地暗示他们,知识将会从老师的手中传给他们。他们谁不羡慕与老师握手呀,因为他们都渴望从老师这儿得到知识。如果出现错误时,我送出宽慰的眼神,“你还没有考虑周全吧,不要紧,谁来给他提醒提醒。”这样尽力保护他们的自尊心,既让他们知道自己错了,又让他能体面地坐下去,还得弄明白自己错在哪儿。可给自己添小旗的活动还得保留下来,这可不单单是添小旗了,同时配上班级的班规——奖惩制度。每学期的小旗数累计,期末评出“数学大王”“数学小能手”等称号,给他们以荣誉奖励。有时还奖励一些小物品,不过这时期的小物品都将是孩子们喜欢、感兴趣的物品。随着年龄的增长,课堂的评价方式也不断更新,始终让学生充满活力,学习并快乐着。

三、根据生活环境和个性差异注意因材施评

“一娘生九子，九子各不同。”对于同一年龄段的学生，由于他们的生活环境、个性差异以及认知特征各不相同，故学生之间也存在不同层次的差异。因此除了对他们的知识、能力提出不同要求外，对他们的评价也需“因材施教”，以达到不同的学生得到不同发展的目的。不同的尺子量不同的学生，就知识差距来说，对于聪明的学生回答出简易的问题，只需轻描淡写地作出评价就可以，不必重点或批量式赞赏，以免让他们觉得表扬太容易得到；而对于学困生能回答问题，首先得给予肯定或鼓励，如果能回答正确，可稍作夸张地表扬，使他尝到甜头，感觉到表扬并不是优生的专利，我也能行。从心理差异来说，对于胆小怯场的学生，不要放过任何一次表扬他的机会，鼓励他们说；对于懒惰的学生来说，要多抓他们的闪光点，触动他们勤奋的精神；对于大胆有智慧的学生来说，评价时应充分肯定他，同时，适当地给他提高标准，评价有较强的指向性；对于易骄傲的学生，评价时别忘了渗透学生“胜不骄，败不馁”的思想。多一把尺子，就多一批好的学生。身为教师要明察秋毫，评价也得善于因材施教。

四、考虑评价的可持续性

评价非朝令夕改的事，是一项持续、有较强逻辑顺序的工程。每次制订或构思一系列的评价方案或策略时，要充分考虑内外在多种因素，要把它作为一项长期的工作去做，要考虑到它的可使用年限。课堂教学评价切忌今天这套，明天又换一新招，学生疲于去适应、对付，到最后他们适应不过来，就可能会出现你再三激励他们都无动于衷的一幕。评价是教育活动中一项重要的内容，同时评价也是一门艺术。在评价时，要注意以正确的观念为评价准绳，以客观事实为评价依据，以激励向上和全面发展为最终的评价目标，让学生感受到评价的魅力。

著名的教育家陶行知说过："谁不爱学生，谁就不能教育好学生。"爱心是师德的核心，没有爱就没有教育。学生是发展中的人，对于发展中的、富有个性差异的"特别"的人，我们就要给予他们特别的关注，特别的爱。这要求教师对学生评价时的侧重点要不相同。针对学生的个体差异，教师必须学会因"材"施"评"，这对学生的教育才更有目的性，对学生的健康人格的完善才更有益处。

（王可舟）

6-8 往前一步的选择

新课标注重教学评价的多样性，重视评价的激励功能。过去体育成绩一般都是以对学生体育项目的考核进行评价为主，忽视学生的心理发展，存在着许多不科学、不公平的因素，容易使学生在体育学习中产生"厌学"情绪，从而影响学生对体育运动的兴趣。为了充分调动全体学生的学习主动性、积极性，使他们建立终身体育的观念，我们尝试评价方式的改革，促使学生积极地投身于体育运动中去，让学生在体育运动中体验到参与、理解、掌握以及创新运动的乐趣，从而激发学生参加运动的自觉性和主动性。

一、立足尊重，追求体育精神的本源

立足于尊重学生在体育运动中的主体地位的同时，重视激发学生对体育运动的乐趣，让他们感受到体育教学过程本身就是快乐的，有吸引力的。在一次课堂练习进行得如火如荼的时候，有一名学生说："老师，我能往前一点吗？"原来，事情是这样的……

我们练习实心球，会在操场上拉一根根长线，给不同高度的学生进行参照，高于线的为成功，低于线的为失败。不同水平的学生会有不同标准的高度。我对同学们说："同学们，今天张老师要让你们帮个忙，大家帮我在长线上打上不同颜色的蝴蝶结。"学生们个个积极地行动起来。"老师，我们打完了！"看着学生们打好的蝴蝶结，这节课一定是非常活跃的。为什么这么说呢？因为他们亲手打上蝴蝶结的长线，就是他们自己的了。于是，我安排不同水平的学生进行不同高度的练习，小组长进行发令和计数，记录小组成员投掷过程中高于线的次数。顿时操场上热火朝天。"准备，开炮！""准备，放！"一个个小组长的发令语让我暗暗发笑，原来他们把实心球当做了"炮弹"，正在进行"轰炸"。"嗯，不错，继续加油！"我也不忍心打断他们的"战斗"。体育课不是简单的体力活动，学生们能积极地投入到练习中，并且能自我营造练习氛围，这也是体育课成功的一方面啊！

正在我陶醉之时，有个学生来到了我的面前，一看，原来是小鑫。小鑫同学天生肥胖，个子又小，一直被同学们嘲笑，体育的每个项目都不合格，上体育课也从来不敢发言。"小鑫，怎么了？谁欺负你了？""张老师，没人欺负我，我想和你说件事。""哼，一定是怕练习苦，想休息了！"我的心里帮他想好了。"张老师，我能往前一点投实心球吗？""为什么啊，小鑫，人家都想往后的。""张老师，我想感受一下投掷高过线的感觉。"啊！是这样，平时体育课的"老大难"竟然这么努力和执着。这位学生为了感受成功的喜悦，向教师提出了这样的请求。这说明了他的思想已经深深地投入到体育课中来，哪怕不成功，他也要勇敢地去尝试，去练习。看着他投过参考长线后那一脸的喜悦，作为教师的我内心被他简单的动作打动了。体育的精神不在于最高水平的人，不在于金牌的获得者，而在于普通人的心中，在于为了掌握一项基本运动技能并为之努力。在这一刻，他不是传统意义上的冠军，但他的思想已远远超越了冠军。

今天，他往前的一步，虽然很小，但他的人生，前进了一大步，因为他辛苦过、努力过，现在成功过。体育带给他的不只是累和苦，也有快乐和喜悦，也包含着向往成功的梦想。在以后的体育课中，我要更加贴近学生的实际情况和要求，营造多样的体育课堂,把体育课堂作为他们的“常胜之地”,给他们希望、让他们快乐,让体育课不再是简单的体力劳动,而是能让他们感受成功的魅力课堂。教师,就应该尽可能多地让孩子超越竞技体育的层面,让每个孩子体验到参与、成功和乐趣,激发学生参加运动的自觉性和主动性,让孩子养成一辈子体育锻炼的习惯。

(张　健)

后 记

上海市黄浦区瑞金二路小学（以下简称“瑞二小学”）自2007年以来，以课程为载体，以课题为渠道，积极探索“磁性教育”发展之路。2013年初，当著作《磁性课程：当文化与儿童相遇》问世之后，学校的“磁性课程”逐步被教育界同行所熟知与认同，学校的“磁性课程”发展模式也渐渐清晰，学校“磁性教育”之哲学日益凸显。

当学校的“磁性课程”日臻成熟时，学校初步尝到“磁性教育”研究果实的甜头，但我们并没有沾沾自喜，就此退却。2012年底，我们将“磁性”之路继续追寻下去，并将研究的视角从成熟的课程转移到它的主阵地——课堂上来。我们还趁着上海市落实绿色指标体系的热潮，以微笑、赞美、自能、涟漪、表现、童趣等六个项目为突破口，积极打造“把每个孩子深深吸引”之“磁性课堂”。因此，我们的课题《基于绿色指标的“磁性课堂”研究》应运而生。

《把每一个孩子深深吸引：“磁性课堂”的六个关键词》一书是《基于绿色指标的“磁性课堂”研究》课题的重要研究成果，是继《磁性课程：当文化与儿童相遇》之后的又一本“磁性”“大作”。该书共有六个章节，每位教师在王校长的悉心带领下，积极完成书中章节的撰写。具体撰写者如下：第一章由张林玲执笔；第二章由陶怡执笔；第三章由曾慧芳执笔；第四章由杭丽执笔；第五章由丁红执笔；第六章由王敏执笔。书中的每一个字都倾注了教师无数的心血。

《把每一个孩子深深吸引：“磁性课堂”的六个关键词》是全校教师集体智慧的结

晶，其中倾注了我们的大量心血。特别要感谢的是，本课题的研究得到了上海市教育科学研究院杨四耕老师的专业引领。杨老师为本书搭建了清晰的框架，一次次把书中教师存在的不解的谜团解开。书中凝聚了杨老师的思想与智慧，他为本书的顺利出版作出了巨大的贡献！

2015年是“瑞二小学”建校八十五周年。学校借着校庆的春风，开辟了继“磁性课程”之后的又一“磁性”新篇章。《把每一个孩子深深吸引：“磁性课堂”的六个关键词》一书既是对学校八十五周年庆祝的纪念，又在“瑞二小学”发展史上划上了一个完美的音符。

王　平

2015年6月20日于瑞二小学

图书在版编目(CIP)数据

把每一个孩子深深吸引:“磁性课堂”的六个关键词/王平主编. —上海:华东师范大学出版社,2015.9
(课堂教学转型丛书)
ISBN 978-7-5675-4150-4

Ⅰ.①把… Ⅱ.①王… Ⅲ.①德育-课堂教学-教学研究-小学 Ⅳ.①G621

中国版本图书馆 CIP 数据核字(2015)第 233070 号

课堂教学转型丛书
把每一个孩子深深吸引
“磁性课堂”的六个关键词

丛书主编 杨四耕
主　　编 王　平
责任编辑 刘　佳
特约审读 王艺婷
责任校对 赖芳斌
装帧设计 卢晓红

出版发行 华东师范大学出版社
社　　址 上海市中山北路 3663 号 邮编 200062
网　　址 www.ecnupress.com.cn
电　　话 021-60821666 行政传真 021-62572105
客服电话 021-62865537 门市(邮购)电话 021-62869887
地　　址 上海市中山北路 3663 号华东师范大学校内先锋路口
网　　店 http://hdsdcbs.tmall.com

印 刷 者 常熟市文化印刷有限公司
开　　本 787×1092 16 开
印　　张 12
字　　数 168 千字
版　　次 2016 年 1 月第 1 版
印　　次 2016 年 1 月第 1 次
书　　号 ISBN 978-7-5675-4150-4/G·8681
定　　价 24.00 元

出 版 人 王 焰